Inhalt

Gedichte verstehen und analysieren

Autor: Markus Kuhnigk

Autor und Herausgeber:

Markus Kuhnigk ist Lehrer für Deutsch und Katholische Religion an einem hessischen Gymnasium. Er ist am Studienseminar Gießen als Ausbildungsbeauftragter tätig und arbeitet in der Lehrerfortbildung.

Herausgeberin:

Herta Heindl unterrichtet an einer integrierten Gesamtschule die Fächer Deutsch und Gesellschaftslehre. Ihr Tätigkeitsschwerpunkt liegt seit längerem in der Arbeit als Trainerin für das Projekt „Pädagogische Schulentwicklung" des Lehrerfortbildungsinstituts der ev. Kirchen in Landau/Pfalz.

Gedichte verstehen und analysieren

Leitfaden

Die hier vorgestellte Unterrichtseinheit erfüllt – entsprechend ihrem Titel – einen doppelten Zweck. Einerseits will sie Schülern erste wichtige Zugänge zum Verständnis von anspruchsvollen Gedichten verschaffen. Andererseits verfolgt sie das Ziel, vorhandene Basisfähigkeiten zum Anfertigen einer Gedichtanalyse zu erweitern und zu vertiefen.

Oberstes Lernziel ist die Vermittlung eines Verständnisses von Lyrik, nach dem Gedichte besonders artifizielle und hoch verdichtete Texte sind, in denen sich die Inhaltsaussage immer auch durch die Form vermittelt. Entsprechend sind die vorgeschlagenen Unterrichtsarrangements in der Regel so angelegt, dass die Schüler dazu angeregt werden, Form- und Inhaltsaspekte von Gedichten aufeinander zu beziehen.

Im Rahmen der Lernspiralen LS 02, LS 03, LS 04 und LS 06 sollen die Schüler in erster Linie erproben, inwiefern ihnen bestimmte analytische Verfahrensweisen zur Erschließung jeweils spezifischer Formaspekte beim Verstehen schwieriger Gedichte helfen.
Die Lernspiralen LS 07, LS 11 und LS 13 dagegen zielen besonders auf die Anfertigung einer sach- und formgerechten Gedichtanalyse. Von Gedichtanalyse – statt von Gedichtinterpretation – wird deshalb gesprochen, um die Bedeutung der Analyse von Form und Sprache für das Verständnis lyrischer Texte zu betonen.
Elementare Kenntnisse zur Beschreibung von Lyrik, wie Endreim, Vers- und Strophenform, Metrum, werden vorausgesetzt. LS 01 dient der Feststellung des Kenntnisstandes der Lerngruppe und wird diesbezügliche Lücken offenlegen.
LS 05 ergänzt die Vermittlung analytischer Methoden durch ein Angebot zur produktiven Aneignung von Gedichten. LS 08 stellt Übungsmöglichkeiten vor, die den Schülern helfen, die umfangreiche Terminologie zur Bezeichnung rhetorischer Figuren besser im Gedächtnis zu verankern.
An mehreren Stellen der Lernspirale ergeben sich Möglichkeiten zu einer allgemeinen Sprachreflexion. Die Schüler werden dazu angehalten, ihre an einem Gedicht gemachten exemplarischen Beobachtungen zu reflektieren und als Charakteristika poetischer Sprache zu verallgemeinern. Besonders in LS 09 kommen diese Erkenntnisse zur Poetologie (und nicht nur zur Gattungsbestimmung von Lyrik) zum Tragen.
LS 10 macht auf die Bedeutung textexterner Informationen zur Unterstützung einer Gedichtinterpretation aufmerksam. Es wird grundsätzlich aber die werkimmanente Interpretation von Gedichten favorisiert (vgl. LS 02–LS 09), die ohne textexterne Informationen auskommt. Die Schüler sollen so weit wie möglich in ihren Analysen auf den reinen Text verwiesen und nicht von ihm weggeführt werden. Die Bedeutung anderer hermeneutischer Verfahren bleibt durch diese didaktische Schwerpunktsetzung unbestritten.

Die Gedichtauswahl berücksichtigt vorwiegend Gedichte des 20. Jahrhunderts. Auf traditionelle Gedichtformen wurde weitgehend verzichtet, da deren Prinzipien den Schülern eher vertraut sind, und sie durch ihre Form nicht mehr jenen Anstoß erregen, der zum Nachdenken stärker herausfordert.
Leitend bei der Auswahl der Gedichte war durchgehend deren formale Qualität. Entsprechend kann man davon ausgehen, dass sich an allen Gedichten im Schülerheft die Form besonders überzeugend und eindeutig als Funktion der inhaltlichen Aussage aufzeigen lässt.

Der Lern- und Arbeitsprozess

A Vorwissen und Voreinstellungen aktivieren

LS 01 Die eigenen Erfahrungen mit Lyrik verbalisieren ▶ Erfahrungen zur Lyrik notieren (Zettelabfrage) ▶ Partnerberichte ▶ GA mit Kartenabfrage ▶ Stafettenpräsentation ▶ Clustern der Karten im Plenum ▶ Feedback

B Neue Kenntnisse und Verfahrensweisen einüben

LS 02 Die Bildsprache eines Gedichtes übersetzen ▶ sprachliche Bilder markieren ▶ Assoziationen zu einem Gegenstand des Gedichtes sammeln ▶ Hintergrundtexte zu diesem Gegenstand auswerten ▶ Mind-Map erstellen ▶ Gedicht in Standardsprache übersetzen

Abkürzungen und Siglen

LS = Lernspirale
LV = Lehrervortrag
EA = Einzelarbeit
PA = Partnerarbeit
GA = Gruppenarbeit
PL = Plenum
HA = Hausarbeit/Hausaufgabe

L = Lehrerin oder Lehrer
S = Schülerinnen und Schüler

In den Erläuterungen zur Lernspirale wird für Lehrerinnen und Lehrer bzw. für Schülerinnen und Schüler ausschließlich die männliche Form verwendet. Dabei ist die weibliche Form stets mitgemeint.

Hinweis zum Zeitansatz
Eine Lernspirale ist für 90 (45) Minuten konzipiert. In der Regel wird nicht die volle Unterrichtszeit verplant, sondern pro Lernspirale ein Zeitpuffer von 5–10 Minuten einkalkuliert (um aufzuräumen, organisatorische Alltagsgeschäfte zu erledigen oder Schülern ein Feedback zu geben).
Je nach Größe und Leistungsstärke der Lerngruppe muss der Zeitansatz, der im Stundenraster für jede Unterrichtsphase ausgewiesen ist, entsprechend angepasst werden.

LS 03 Poetische Beschreibungen exakt nachvollziehen ▶ poetische Beschreibung der Farben einer Blume analysieren und auswerten ▶ Farbtöne durch Mischen von Wasserfarben herstellen ▶ Farben präsentieren und Herstellungsprozess beschreiben ▶ Infotext zur spezifischen Ausdrucksqualität poetischer Texte lesen und auswerten ▶ Arbeitsprozess reflektieren

LS 04 Metaphern semantisch analysieren ▶ Infotext zur semantischen Analyse von Metaphern bearbeiten ▶ Metaphern eines Gedichtes analysieren ▶ Interpretationshypothese zur Schlussstrophe des Gedichtes entwickeln ▶ von zwei Gedichtfortsetzungen die stimmigere auswählen ▶ die eigene Entscheidung begründen und diskutieren

LS 05 Formadäquate Parallelgedichte schreiben ▶ Gestaltungsmerkmale verschiedener Gedichte beschreiben ▶ formadäquates Parallelgedicht in Gruppenarbeit anfertigen ▶ fertiges Gedicht präsentieren ▶ Feedback geben

LS 06 Die Struktur eines Gedichtes grafisch veranschaulichen ▶ Prosatext erschließen ▶ Eindruck mithilfe eines Wortspeichers beschreiben ▶ Gedicht zum gleichen Thema lesen und formale Auffälligkeiten markieren ▶ Struktur des Gedichtes auf einem Plakat veranschaulichen ▶ Plakate in einem Museumsrundgang begutachten und in einem Kärtchen-Feedback kommentieren ▶ Plakatpräsentation

LS 07 Eine vollständige Form-Inhalt-Analyse durchführen ▶ Text zum Thema „Mode" lesen und zusammenfassen ▶ Gedicht auf vielfältige Weise in Gruppenarbeit arbeitsteilig analysieren ▶ Formaspekte und Inhaltsaussagen tabellarisch gegenüberstellen ▶ Form-Inhalt-Analyse vorstellen

LS 08 Rhetorische Figuren erkennen und verwenden ▶ Beispiele für rhetorische Figuren finden ▶ Ergebnisse in Gruppen vergleichen und auswerten ▶ ein Quiz durchführen ▶ Gedicht rhetorisch analysieren ▶ im Tandem einen rhetorisch wirksamen Text schreiben

LS 09 Einen Lexikonartikel zur Poetologie entwerfen ▶ Kernaussagen zur Poetik erschließen ▶ Informationen zur Poetologie recherchieren ▶ Lexikonartikel in der Gruppe planen ▶ Text arbeitsteilig ausarbeiten ▶ Text redigieren und gemeinsam fertigstellen

LS 10 Textexterne Informationen zur Gedichtanalyse nutzen ▶ textinterne Beobachtungen zu einem Gedicht notieren ▶ die vermutete Intention des Autors in einem Satz formulieren ▶ Quellen zum historischen und biografischen Hintergrund des Gedichtes auswerten ▶ fiktives Interview mit dem Autor des Gedichtes vorbereiten ▶ Interviews präsentieren und bewerten

LS 11 Das Gliederungsmodell einer Gedichtanalyse entwickeln ▶ Gliederung einer vorliegenden Gedichtanalyse rekonstruieren und durch Randglossen beschreiben ▶ Vorschläge zur Gliederung auf Kärtchen festhalten ▶ Gliederungsmodelle präsentieren ▶ verbindliches Gliederungsmodell festlegen ▶ Schreiben einer vollständigen Gedichtanalyse

C Komplexe Anwendungs- und Transferaufgaben

LS 12 Die Entstehungsstufen eines Gedichtes rekonstruieren ▶ Gegenstand des Gedichtes in einer Zeichnung veranschaulichen und seine inhaltliche Aussage in Form eines Satzes formulieren ▶ formale Unterschiede verschiedener Entstehungsstufen des Gedichtes erarbeiten ▶ Gedichtfassungen nach der Reihenfolge ihrer vermuteten Entstehung ordnen ▶ Präsentation

LS 13 Gedichtanalysen korrigieren und bewerten ▶ Stärken und Fehler einer Gedichtanalyse im Tandem untersuchen ▶ Korrekturen eines anderen Tandems gegenlesen ▶ sich auf eine gemeinsame Bewertung einigen ▶ „Lehrerkommentar" zur Begründung der erteilten Note schreiben

LS 01 Die eigenen Erfahrungen mit Lyrik verbalisieren

		Zeit	Lernaktivitäten	Material	Kompetenzen
1	EA	5′	S notieren auf einem Zettel, was ihnen an Lyrik gefällt und/ oder was sie abstößt.	S 01.1	– begründet Stellung nehmen – eine Stoffsammlung zu Aspekten der Lyrik erstellen – Sachverhalte stichwortartig wiedergeben – Präsentationstechniken (Moderationskärtchen) angemessen anwenden – Moderationskärtchen clustern – Fachbegriffe zur Lyrik kennen und anwenden – eine Glosse schreiben
2	PA	5′	S stellen sich den Inhalt ihrer Zettel gegenseitig vor und einigen sich auf Satzergänzungen, in denen der Wert bzw. Unwert von Gedichten begründet wird.	S 01.2	
3	GA	15′	S tragen ihre Satzergänzungen vor, sammeln ihnen bekannte lyrische Gattungsmerkmale und notieren die zehn wichtigsten auf zehn Moderationskärtchen.	S 01.3	
4	PL	15′	S stellen ihre Kärtchen in Form einer Stafettenpräsentation vor, clustern inhaltlich Zusammengehöriges und fragen zu strittigen Punkten nach.		
	HA		S schreiben eine Glosse über einen Lyrikenthusiasten oder über einen Lyrikverächter.	S 01.4	

Erläuterungen zur Lernspirale

✓ Merkposten

- Moderationstafel (Pinnwand mit Nadeln)
- Moderationskärtchen (DIN A5)
- Klebestreifen
- Losgegenstände

Ziel der Einzelstunde ist es, die Voreinstellungen und das Vorwissen jedes einzelnen Schülers zum Thema „Lyrik" zu erheben und alle Vorkenntnisse der Lerngruppe zur Merkmalsbestimmung von Gedichten in transparenter Weise festzuhalten.

Zum Ablauf im Einzelnen

Die Schüler notieren im **1. Arbeitsschritt**, was ihnen persönlich an Gedichten oder der lyrischen Gattung insgesamt gefällt oder missfällt. Dabei bringen sie spontan ihre individuellen Vorlieben und Abneigungen zum Ausdruck.

Im **2. Arbeitsschritt** machen sich jeweils zwei Schüler (Banknachbarn oder Zufallspartner) mit ihren Ansichten zur Lyrik vertraut und formulieren im Anschluss daran Satzergänzungen im Sinne einer positiven und einer negativen Würdigung von Gedichten. Dabei gehen sie von ihrem eigenen Urteil aus, versetzen sich aber auch in die entgegengesetzte Position und bemühen sich um eine plausible Begründung.

Für den **3. Arbeitsschritt** bildet der Lehrer aus jeweils drei Tandems, die im 2. Arbeitsschritt zusammengearbeitet haben, Zufallsgruppen mit sechs Schülern. Nachdem sich die Schüler die Ergebnisse ihrer Satzergänzungen vorgestellt haben, sammeln sie alle lyrischen Merkmale, die sie kennen. Dabei können sie auf die im Schülerheft auf S. 2 abgedruckten Beispielgedichte zurückgreifen, die auf prägnante Weise an eine ganze Reihe von lyrischen Eigenheiten erinnern.
Nach Abschluss der Sammelphase einigt sich die Gruppe auf zehn Gedichtmerkmale, die aus ihrer Sicht am wichtigsten sind. Diese werden in Stichwortform (je ein Merkmal pro Kärtchen) auf den zehn Moderationskärtchen notiert.

Im **4. Arbeitsschritt** findet eine Stafettenpräsentation statt, in der alle Gruppen in einer vorher festgelegten Reihenfolge ihre Kärtchen präsentieren. Dazu stellen sich alle Schüler der Klasse vor einer Moderationstafel oder einer anderen geeigneten Präsentationsfläche auf. Jede Gruppe verteilt ihre Kärtchen möglichst gleichmäßig unter den Gruppenmitgliedern. Ein Gruppenmitglied nach dem anderen tritt nach vorne, pinnt ein oder zwei Kärtchen an und erläutert in kürzester Form (z.B. Beschränkung auf einen Satz) das jeweilige Merkmal. Die Karten werden nach Möglichkeit sofort geclustert: Jeder nach vorn tretende Schüler „platziert" seine Karte unmittelbar in die Nähe thematisch verwandter Karten. Identische bzw. gleich lautende Karten werden übereinander gepinnt.
Wenn alle Karten hängen, besteht die Möglichkeit zum kurzen Nachfragen und zur nachträglichen Umgruppierung von Karten, um ein besseres Clustering zu erzielen.

Man kann das Kärtchencluster zur Erhebung des Vorwissens während der ganzen Unterrichtseinheit hängen lassen. So führt man den Schülern angesichts der dokumentierten Lernausgangslage den Lernfortschritt vor Augen.

▶ Lösung der Zusatzaufgabe von S. 2

Ein Gleiches (Johann Wolfgang von Goethe)
Das ästhetische Wiesel (Christian Morgenstern)
Lektion (Arnfrid Astel)
Wünschelrute (Joseph von Eichendorff)
Apfel (Reinhard Döhl)
Angst und Zweifel (Erich Fried)
wind (Eugen Gomringer)
Septembermorgen (Eduard Mörike)
Lyrisches Intermezzo VII (Heinrich Heine)
lichtung (Ernst Jandl)

LS 02 Die Bildsprache eines Gedichtes übersetzen

		Zeit	Lernaktivitäten	Material	Kompetenzen
1	EA	10′	S lesen das Gedicht und markieren alle sprachlichen Bilder. Zu zwei Bildern notieren sie in einer Tabelle im Schülerheft ihre persönlichen Assoziationen.	S 02.1 S 02.2	- ästhetische Textfunktion erfassen - Inhalt eines Gedichtes erschließen - sprachliche Bilder in ihrer Wirkungsweise erkennen und deuten - eigene Deutung eines Textes entwickeln - lyrischen Text in eine andere Textsorte umschreiben - Fachbegriffe zur Lyrik kennen und anwenden - zielgerichtet markieren - eine Mind-Map erstellen - Präsentationstechniken (Folie) angemessen anwenden
2	PL	10′	Besprechung der Ergebnisse.		
3	PA	5′	S sammeln ihre persönlichen Assoziationen zum Thema Delfin und beschriften einen Assoziationsstern.	S 02.3	
4	EA	15′	S lesen die Hintergrundtexte „Menschen und Delfine" und markieren wichtige Zusatzinformationen zum Thema.	S 02.4	
5	GA	25′	S vergleichen ihre Ergebnisse, erstellen eine Mind-Map zur Bedeutung des Delfins und schreiben das Gedicht in einen pragmatischen Text um.	S 02.5	
6	PL	15′	S präsentieren die Ergebnisse der GA (zwei S aus einer Gruppe).		
	HA		S setzen die sprachlichen Bilder eines weiteren Gedichtes zeichnerisch um.	S 02.6	

Erläuterungen zur Lernspirale

Ziel der Doppelstunde ist es, die Schüler mit der Bildlichkeit lyrischer Texte vertraut zu machen und ihnen die besondere Qualität bildhafter Sprache (Anschaulichkeit, Ausdrucksstärke, Mehrdeutigkeit) ins Bewusstsein zu rufen. Dies geschieht anhand eines Gedichtes, das aufgrund seines hermetischen Charakters Lesern eine besondere Anstrengung abverlangt. Mit dem Erstellen von Assoziationsfeldern wird eine Methode erprobt, die im weiteren Verlauf der Unterrichtseinheit die Entschlüsselung anspruchsvoller Gedichte erleichtern soll.

Zum Ablauf im Einzelnen

1. Arbeitsschritt: Nachdem die Schüler alle sprachlichen Bilder des Gedichtes markiert haben, sollen sie sich eingehende Gedanken über den Sinn der beiden sprachlichen Bilder machen, die für das Verständnis der Sprechersituation von entscheidender Bedeutung sind. Der im Arbeitsauftrag enthaltene Hinweis auf die Emotionen (Angst und Hoffnung), die mit den Metaphern verbunden sind, erleichtert den Schülern die selbstständige Lösung der Aufgabe und macht Nachfragen weitgehend überflüssig.

In der Auswertungsphase **(2. Arbeitsschritt)** ist mit unterschiedlichen Ideen und Vorschlägen zur Konkretisierung der Situation des lyrischen Ichs zu rechnen. Diese sind – als subjektive Deutungszugänge – zuzulassen, wenn sie mit dem Textbefund nicht im Widerspruch stehen. Möglicherweise ergibt sich bereits an dieser Stelle die Gelegenheit, den besonderen semantischen „Mehrwert" sprachlicher Bilder mit den Schülern zu reflektieren und auf die Mehrdeutigkeit sprachlicher Bilder einzugehen.

Im weiteren Verlauf lernen die Schüler mit dem Erstellen eines Assoziationsfeldes eine bewährte Methode zur Erschließung lyrischer Texte kennen. Die Durchführung erfolgt in zwei Phasen. Zunächst notieren die Schüler im **3. Arbeitsschritt** in Partnerarbeit ausschließlich ihre persönlichen Assoziationen zum Thema Delfin.

Im **4. Arbeitsschritt** erweitern sie durch die Erarbeitung des Textangebotes im Schülerheft ihr Wissen und damit die Basis für weitere Assoziationen.

Im **5. Arbeitsschritt** ergänzen sie ihre ursprünglichen Einfälle vor dem Hintergrund ihres inzwischen erweiterten Horizontes. Diese zweite Phase muss man nicht immer durchführen. Sie soll den Schülern zeigen, dass das Sinnpotenzial eines sprachlichen Bildes besser entfaltet werden kann, wenn mehr Quellen und Informationen zur Verfügung stehen bzw. mehrere Personen ihre Assoziationen beisteuern.
Das Umschreiben des Gedichtes stellt die Vorstufe einer analytischen Interpretation dar. Sie zwingt die Gruppe zu einer genauen Verständigung über den Textsinn und schärft die Wahrnehmung für die Differenz von poetischer und pragmatischer Sprache.
Die Mind-Map und die Gedichtumschrift sollten für die Präsentation auf eine Folie, ersatzweise ein Plakat, gebracht werden.

Für die Präsentation in **Arbeitsschritt 6**, die am besten im Tandem erfolgt, genügt die Auslosung einer Gruppe. Die übrigen Gruppen ergänzen.

✓ Merkposten
- Losgegenstände
- Folien und Folienstifte
- Overhead-Projektor

LS 03 Poetische Beschreibungen exakt nachvollziehen

		Zeit	Lernaktivitäten	Material	Kompetenzen
1	EA	10′	S lesen das Gedicht und markieren im Text alle Hinweise auf die Farben der Hortensie und alle Signalwörter, die Vergleiche anzeigen.	S 03.1	- Gegenstand einer poetischen Beschreibung produktiv rekonstruieren - Wirkungsweise sprachlicher Gestaltungsmittel erkennen - Fachbegriffe zur Lyrik (Vergleich, Evokation) kennen und anwenden - Sprache eines Gedichtes zielgerichtet analysieren - Intention eines Gedichtes erkennen - wesentliche Textstellen markieren - Textabschnitte in Kernaussagen zusammenfassen - Arbeitsprozess in der Gruppe aufgabengemäß organisieren - freie Redebeiträge leisten
2	GA	20′	S mischen mit Wasserfarben die Farbtöne, die im Gedicht beschrieben werden, malen die Abbildung der Hortensie aus und dokumentieren ihr Vorgehen in einem Protokoll.	S 03.2 LS 03.M1 (siehe www.klett.de/klippert)	
3	PL	10′	S sichten in einem Museumsrundgang die Ergebnisse der GA. Anschließend erläutert eine Gruppe, wie sie bei der „Farbherstellung" vorgegangen ist.		
4	EA	5′	S kreuzen aus einer Liste die auf das Gedicht zutreffenden Aussagen an.	S 03.3	
5	EA	10′	S erschließen den vorliegenden Infotext.	S 03.4	
6	PA	10′	S fassen die vier Textabschnitte in je einem Satz zusammen.	S 03.5	
7	PL	15′	Ein Tandem stellt sein Ergebnis vor. Anschließend wird diskutiert, inwieweit die theoretischen Einsichten auf Rilkes Gedicht angewendet werden können.		
	HA		S überprüfen und begründen ihre jeweiligen Ankreuzentscheidungen aus Aufgabe 3.	S 03.6	

Erläuterungen zur Lernspirale

Ziel der Doppelstunde ist es, die Schüler mit der Fähigkeit der Lyrik zur Evokation zu konfrontieren. Anhand eines Gedichtes von Rilke, das durch eine Fülle von Farbvergleichen die genauen Farbnuancen einer Hortensie vergegenwärtigt, lernen die Schüler den Effekt der Evokation in Form eines Experimentes kennen: Sie „übersetzen" die durch Rilkes Gedicht ausgelösten Farbvorstellungen in die Wirklichkeit, indem sie Wasserfarben entsprechend mischen. Dabei setzen sie sich vorrangig mit dem sprachlichen Mittel des Vergleichs auseinander.

Zum Ablauf im Einzelnen

Nach Beendigung des **1. Arbeitsschrittes,** der nicht im Plenum überprüft werden muss, bildet man Zufallsgruppen.

Im **2. Arbeitsschritt** vergleichen die Schüler zunächst ihre Markierungsergebnisse und besprechen anschließend, wie sie zur Lösung der Aufgabe vorgehen wollen. Neben der naheliegenden Möglichkeit, verschiedene Farben einfach zu mischen, bietet sich auch die Aquarelltechnik an, bei der Farben übereinander aufgetragen werden. Die Hortensienblüte ist auf der Internetplattform (siehe LS 03.M1, www.klett.de/klippert) abgelegt und kann in größerem Format zur besseren Handhabung ausgedruckt werden.

Wichtig ist, dass sich die Herstellung der Farben an den „Rezepturvorgaben" des Textes orientiert. Entsprechend sollte man die Schüler auf die Bedeutung des Protokolls hinweisen, das diesen Zusammenhang zwischen Text und Herstellungsverfahren herausstellt.

Der **3. Arbeitsschritt** stellt die kritische Würdigung der Gruppenarbeitsergebnisse in den Mittelpunkt.

Im Anschluss an den **4. Arbeitsschritt** findet kein Austausch über die jeweils von den Schülern angekreuzten Aussagen statt. Dies erfolgt erst im Rahmen des 7. Arbeitsschrittes, nachdem die Schüler den Text „Das Unbeschreibbare zum Ausdruck bringen" erschlossen und dadurch die Basis zur Beurteilung von Rilkes Dinggedicht gewonnen haben.

Arbeitsschritt 6 dient der Überprüfung des **5. Arbeitsschrittes.** Sollten sich hier größere Defizite zeigen, muss entsprechend nachgearbeitet werden.

Für die Präsentation in **Arbeitsschritt 7** genügt die Auslosung eines Tandems. Die übrigen Schüler ergänzen oder korrigieren. Das anschließende Unterrichtsgespräch sollte der Frage nachgehen, inwieweit die theoretischen Aussagen des Textes sich an Rilkes „Blauer Hortensie" nachweisen lassen. Dazu können die Schüler auf ihre Ergebnisse zu Aufgabe 3 zurückgreifen.

Diese Diskussion lässt sich mit der **Hausaufgabe** S 03.6 in einer Anschlussstunde inhaltlich vertiefen.

✓ Merkposten

- Wasserfarben
- Losgegenstände

▶ Lösung zu S 03.5:

1. Gedichte erzeugen durch ihre Bildhaftigkeit beim Rezipienten konkrete Vorstellungen und ermöglichen sinnhafte Erfahrungen.
2. Aufgrund ihrer Fähigkeit zur Evokation werden in Gedichten Vorstellungen und Gefühle eines lyrischen Ichs erlebbar.
3. Wörter sind zur Evokation konkreter Eindrücke zu allgemein und unanschaulich.
4. Evokation basiert auf lebendigen und anschaulichen Vergleichen.

LS 04 Metaphern semantisch analysieren

		Zeit	Lernaktivitäten	Material	Kompetenzen
	HA		S lesen den Infobaustein zur semantischen Analyse von Metaphern und ergänzen das dazugehörige Schaubild.	S 04.1	- Verfahren zur Textanalyse (Analyse von Metaphern) kennen lernen und anwenden - Fachbegriffe zur Metapherntheorie (Bildspender, Bildempfänger usw.) kennen - Text in Form von Stichworten erschließen - Intention eines Gedichtes erkennen - unterschiedliche Textfassungen analysieren - längere freie Redebeiträge leisten - Redebeiträge anderer verfolgen und aufnehmen - die eigene Meinung begründet vertreten
1	PA	5′	S vergleichen ihre Hausaufgaben.		
2	EA	5′	S erschließen den ersten Teil des Gedichtes und ergänzen die vorgegebenen Satzanfänge zu seinem Inhalt.	S 04.2	
3	PA	20′	S tauschen sich über die Ergebnisse zu S 04.2 aus, führen eine semantische Analyse einer Metapher des Gedichtes durch und entwickeln eine Deutungshypothese.	S 04.3	
4	GA	15′	S erschließen die beiden Varianten der Schlussstrophe des Gedichtes und deuten sie jeweils in einem Satz.	S 04.4	
5	GA	20′	S diskutieren, welche der Varianten die passendere Fortsetzung des Gedichtes ist, und notieren ihre Überlegungen auf einem Ergebnisblatt.	S 04.5	
6	PL	15′	S geben ein Statement zum Ergebnis ihrer GA und diskutieren die vorgestellten Ergebnisse.		
	HA		S schreiben eine Deutung des Gedichtes.	S 04.6	

Erläuterungen zur Lernspirale

Ziel der Doppelstunde ist es, den Schülern die Erschließung schwieriger Metaphern zu erleichtern. Sie sollen ein Verfahren erlernen, das ihnen Einblick in den Semantisierungsvorgang gibt, der durch Metaphern ausgelöst wird. Dieses Wissen soll ihnen im weiteren Verlauf der Unterrichtseinheit helfen, Metaphern zu deuten und ihre Wirkung nachzuvollziehen.

Zum Ablauf im Einzelnen
Sollten die Schüler größere Schwierigkeiten bei der Erschließung des Infobausteins zur semantischen Analyse von Metaphern und der Erstellung der Hausaufgabe gehabt haben, erfolgt nach dem **1. Arbeitsschritt** eine lehrergesteuerte Besprechung und Nachbereitung im Plenum.

Der **2. Arbeitsschritt** dient einer vorläufigen Erschließung der ersten beiden Strophen von Reiner Kunzes Gedicht und der Überprüfung des individuellen Vorverständnisses der zentralen Begriffe und Metaphern. Hier sollten die Schüler unbedingt allein arbeiten, um im weiteren Verlauf über ihre privaten „Vorurteile" und unterschiedlichen Vorstellungen zu „Liebe" und „Verstand" ins Gespräch zu kommen.

Nach einem Austausch ihrer Ergebnisse führen die Schüler im **3. Arbeitsschritt** die semantische Analyse der beiden zentralen Metaphern des Gedichtes durch. Je eine Hälfte der Klasse analysiert dabei in Form einer Partnerarbeit eine der Metaphern. Dabei sind die Schüler aufgefordert, sich exakt am Schaubild zur semantischen Analyse von Metaphern im Schülerheft S. 11 zu orientieren. Die Deutungshypothese, die sie abschließend formulieren, hat vorläufigen Charakter und soll den Arbeitsstand der Gedichtdeutung vor der Einbeziehung der dritten Strophe dokumentieren.

Für die Gruppenarbeit im **4. und 5. Arbeitsschritt** führt man jeweils zwei Tandems zusammen, die im 3. Arbeitsschritt mit unterschiedlichen Metaphern befasst waren, und ihr „Expertenwissen" nun zusammenführen können.
Reiner Kunzes Schlussstrophe (Variante B) und die nicht autorisierte „Gegenstrophe" (Variante A) stellen komplexe metaphorische Aussagen dar, in denen die beiden zentralen Metaphern der ersten beiden Strophen verschränkt und weiter entfaltet werden. Es ist damit zu rechnen, dass wenigstens ein Teil der Schüler Variante A als die richtige Fortsetzung empfinden wird. Sie entspricht den üblichen Klischees vom Verhältnis von Liebe und Verstand und auch den Lesererwartungen, die Kunze, vor allem in der zweiten Strophe, selbst erzeugt.

Für die Präsentation der Gruppenergebnisse in **Arbeitsschritt 6** sollte der Lehrer aus zwei oder drei Gruppen jeweils einen Sprecher auslosen. Diese tragen nacheinander ihr Statement zur Begründung der Gruppenentscheidung frei vor, dürfen aber das Ergebnisblatt als Gedächtnisstütze nutzen. In der anschließenden Diskussion kann der Lehrer gegebenenfalls auf die Verse 9–18 und das alles verschlingende Wuchern der Liebe hinweisen, was die Variante B als sinnvolle Fortsetzung des Gedichtes erscheinen lässt.

✓ Merkposten
- Losgegenstände

LS 05 Formadäquate Parallelgedichte schreiben

		Zeit	Lernaktivitäten	Material	Kompetenzen
1	EA	10′	S prüfen, von welchem Gestaltungsmerkmal die ihnen vorliegenden Gedichte jeweils bestimmt sind, und machen sich entsprechende Notizen.	S 05.1	- Parallelgedicht zu einer Vorlage schreiben - sprachliche Mittel gezielt einsetzen und Texte wirkungsvoll gestalten - Form eines Gedichtes analysieren - mit anderen in einer Gruppe zusammenarbeiten - ein Gedicht wirksam vortragen - gesprochene Texte anderer verfolgen und beurteilen - Form eines Gedichtes in einem zusammenhängenden Text beschreiben
2	PA	15′	S tauschen sich über ihre Erkenntnisse aus und tragen die Ergebnisse, zu denen sie gekommen sind, in die entsprechende Tabelle ein.	S 05.2	
3	GA	30′	S schreiben zu einem der Gedichte ein formal adäquates Parallelgedicht.	S 05.3	
4	PL	25′	Alle Gruppen präsentieren nacheinander das von ihnen verfasste Gedicht. Die Zuhörenden ordnen jedes Parallelgedicht dem zugrunde liegenden Modellgedicht zu und geben jeder Gruppe ein Feedback.	S 05.4	
	HA		S beschreiben in einem zusammenhängenden Text die Form eines der vorliegenden Gedichte.	S 05.5	

Erläuterungen zur Lernspirale

✓ Merkposten

- Losgegenstände
- Folien und Folienstifte
- Overhead-Projektor

Ziel der Doppelstunde ist es, anhand mehrerer Beispielgedichte auf die Bedeutung der Form – Komposition und Gestaltung – als ein wesentliches Prinzip für die Produktion von Lyrik hinzuweisen. Die Schüler analysieren Gedichte, in denen jeweils ein Formaspekt besonders ausgeprägt ist, und schreiben formadäquate Parallelgedichte.

Zum Ablauf im Einzelnen

Nach dem **1. Arbeitsschritt** bildet man für den **2. Arbeitsschritt** Tandems, die sich über die Gestaltungsprinzipien der Gedichte verständigen und die besprochenen Ergebnisse festhalten. Wenn die Schüler mit dem Erkennen der maßgeblichen Gestaltungsmerkmale Schwierigkeiten haben, kann man nach dem 2. Arbeitsschritt eine Kontrollphase im Plenum einfügen.

Für den **3. Arbeitsschritt** lost der Lehrer Zufallsgruppen aus, die nicht zu groß sein sollten (4–5 Schüler). Anschließend ordnet er jeder Gruppe als Vorlage für ihr Parallelgedicht – ebenfalls per Los – ein Gedicht aus dem Schülerheft zu.
Das erste Gedicht, „Ryhthm is it", das in der Tabelle zu Aufgabe S 05.2 als Beispiel dient, sollte man nur in besonderen Fällen vergeben. Die Anfertigung eines Parallelgedichtes dazu dürfte viele Schüler in den Bereichen Metrik und Rhythmik überfordern.
In größeren Lerngruppen kann ein Gedicht durchaus mehreren Gruppen als Vorlage dienen. In diesem Fall hat man in der Feedback-Phase die Gelegenheit, zwei oder mehrere Parallelgedichte miteinander zu vergleichen.

Die Zulosung der Gedichte erfolgt möglichst verdeckt. Die „Geheimhaltung" der Gedichtvorlagen bringt für die Präsentation eine größere Spannung. Die entstandenen Gedichte werden auf eine Folie übertragen.

Im **4. Arbeitsschritt** präsentieren der Reihe nach alle Gruppen ihr Parallelgedicht: Zunächst rezitiert ein Mitglied der Gruppe das Gedicht. Dann legt ein weiterer Schüler der Gruppe die Folie mit der Reinschrift des Gedichtes auf. Das Plenum hat die Möglichkeit, die zugrunde liegende Vorlage zu „erraten", bevor der Gruppensprecher anhand der Folie die Machart des Gedichtes und die Vorgehensweise der Gruppe zur „Herstellung" des Gedichtes erläutert.

▶ Lösung zu S 05.2:

Bestimmende Gestaltungsmerkmale der Gedichte:
„Die Trichter": Das Druckbild des Gedichtes entspricht der Form des Gegenstandes, der im Text inhaltlich thematisiert wird (Figurengedicht).
„Christian": Durch Wortumstellung werden einem Satz unterschiedliche Bedeutungsnuancen abgewonnen (Permutation).
„ottos mops": Das Gedicht verwendet ausschließlich Wörter mit dem Vokal „o".
„Liebe": Die rhetorische Figur des Oxymorons zur Kennzeichnung der Ambivalenz der Liebe beherrscht jede Aussage des Gedichtes.
„Rondell": Das Gedicht hat eine Ringstruktur. Der 3. Vers ist die Mittelachse, der 4. wiederholt den 2. und der 5. den 1. Vers.

LS 06 Die Struktur eines Gedichtes grafisch veranschaulichen

		Zeit	Lernaktivitäten	Material	Kompetenzen
1	EA	10′	S lesen den Textauszug von Peter Weiss. Sie bearbeiten zwei Stillarbeitsaufgaben und erschließen sich damit wichtige inhaltliche und formale Merkmale des Textes.	S 06.1 S 06.2	- Form- und Strukturmerkmale eines Gedichtes durch grafische Mittel visualisieren - ein Plakat angemessen gestalten und präsentieren - Form und Sprache eines Gedichtes durch Markieren erschließen - den Eindruck von Texten beschreiben und ihre Wirkung analysieren - Plakate begutachten und anderen ein qualifiziertes Feedback (Kärtchen-Feedback) geben - auf das Feedback anderer angemessen und sachlich reagieren - mit anderen in einer Gruppe effizient zusammenarbeiten
2	EA	5′	S lesen Schnurres Gedicht. Sie wählen zur Bezeichnung des Eindrucks, den das Gedicht von einem Rummelplatz vermittelt, drei Adjektive bzw. Partizipien aus einem Wortspeicher aus.	S 06.3	
3	PA	10′	S markieren alle sprachlichen und formalen Besonderheiten des Gedichtes.	S 06.4	
4	GA	30′	S veranschaulichen auf einem Plakat die Ordnungsmerkmale des Gedichtes mit grafischen Mitteln.	S 06.5 LS 06.M1	
5	EA/ PL	10′	S schauen sich in einem Museumsrundgang alle entstandenen Plakate an. Auf einem Kärtchen notieren sie eine Frage oder einen Kommentar zu einem der Plakate.	S 06.6	
6	PL	5′	Eine Gruppe präsentiert ihr Plakat.		
7	PL	10′	S diskutieren die Frage, inwieweit bei einem Gedicht die Form das inhaltliche Verständnis unterstützt.		

Erläuterungen zur Lernspirale

Ziel der Doppelstunde ist es, anhand von Wolfdietrich Schnurres Gedicht „Kulisse" exemplarisch zu zeigen, inwiefern ein Gedicht seine Wirkung und seine inhaltliche Aussage seiner Form verdankt. Durch grafische Mittel und ein entsprechendes „Textdesign" stellen die Schüler Gestaltungsmerkmale des Gedichtes heraus und machen sich deren Funktion für die inhaltliche Aussage bewusst.

Zum Ablauf im Einzelnen

Der **1. Arbeitsschritt** dient der Vorbereitung auf die Rezeption von Schnurres Gedicht im 2. Arbeitsschritt. Der Textauszug aus einem Roman von Peter Weiss, der hier zunächst von den Schülern zu erschließen ist, schildert aus kindlicher Perspektive den Besuch eines Jahrmarktes als rauschhaft und beglückend. Die Schüler sollen für diesen Eindruck drei Adjektive bzw. Partizipien aus einem Wortspeicher auswählen. Anschließend überprüfen sie am Text, durch welche sprachlichen Mittel (viele anschauliche Verben und Adjektive, lange Sätze ohne Konnektoren) der Autor das subjektive Erleben seines Ich-Erzählers zum Ausdruck bringt.

Im **2. Arbeitsschritt** lesen die Schüler Schnurres desillusionierendes Gedicht über einen Rummelplatz im Regen. Es steht im denkbar größten Kontrast zur Darstellung des Jahrmarktes bei Peter Weiss. Analog zum 1. Arbeitsschritt markieren die Schüler nun die Adjektive bzw. Partizipien, die zu dem vermittelten Eindruck von Tristesse passen.

Im **3. Arbeitsschritt** tauschen sich die Schüler über ihre Textwahrnehmungen aus und markieren die Gestaltungsmittel im Gedicht, die dessen inhaltlichen Eindruck unterstützen oder erzeugen.

Für den **4. Arbeitsschritt** werden Zufallsgruppen ausgelost. Die Schüler stellen sich gegenseitig ihre Ergebnisse zu Aufgabe S 06.4 vor, lesen den Infobaustein „Ordnung im Gedicht" und halten vor diesem Hintergrund nach weiteren Gestaltungsmitteln im Gedicht Ausschau. Sie finden sich in wiederkehrenden Strukturen und Regelmäßigkeiten des Satz- und Versbaus sowie der Anordnung der Verse, weniger in sprachlichen Bildern wie bei den zuvor behandelten Gedichten (siehe LS 06.M1).
Für die Erstellung des Plakates stellt man den Schülern Flipchart-Bögen oder großformatiges Papier sowie Filzmarker in mehreren Farben zur Verfügung.

5. Arbeitsschritt: Alle Plakate werden im Klassenraum aufgehängt und in einem Museumsrundgang „begutachtet". Jeder Schüler erhält ein Moderationskärtchen, um darauf ein Feedback zu einem der Plakate – außer dem der eigenen Gruppe – zu notieren. Denkbar sind Nachfragen und bestätigende oder kritische Anmerkungen. Falls möglich, wird ein Feedback-Kärtchen genau an die Stelle des Plakates gehängt, auf die es sich inhaltlich bezieht.

Für die Präsentation in **Arbeitsschritt 6** wird das Plakat ausgesucht, das die meisten Rückmeldungen erhalten hat. Zwei Gruppenmitglieder erläutern und begründen die Gestaltung ihres Plakates und nehmen dabei auf alle Feedback-Kärtchen Bezug.

Die im **7. Arbeitsschritt** stattfindende Diskussion fasst die neuen Erkenntnisse und Erfahrungen der Doppelstunde im Plenum zusammen.

✓ Merkposten

- Losgegenstände
- Flipchart-Bögen
- Filzstifte
- Moderationskarten DIN A7

LS 06.M1 Lösung zu S 06.5

WOLFDIETRICH SCHNURRE

Kulisse

Regen –
Regen **r**auscht auf den **R**ummel.
Das *Glücksrad* verliert seine Farbe,
der *Würfelbecher* wird klebrig;
in der **Sch*ießbude*** **sch**lafen die **Sch**üsse.

Wills keiner mehr *wagen?*
Will keiner mehr *würfeln?*
Will keiner mehr *drehn?*
Regen –
Regen **r**auscht auf den **R**ummel.

Folgende Ordnungsmerkmale, Regelmäßigkeiten und Wiederholungsstrukturen können auf unterschiedliche Weise grafisch veranschaulicht werden:

- Symmetrischer Aufbau des Gedichtes mit einer gedachten Symmetrieachse nach dem 5. Vers. Der 1. und 2. Vers entspricht wortwörtlich dem 9. und 10. Zusammen bilden diese den Rahmen des Gedichtes. 3. und 8. („Glücksrad" – „drehn"), 4. und 7. („Würfelbecher" – „würfeln") und 5. und 6. Vers („Schüsse" – „wagen") sind inhaltlich aufeinander bezogen.
- Alliteration im 1. und 2. bzw. 9. und 10. Vers: Alle betonten Wörter beginnen auf den Konsonant „R" (Regen, Regen, rauscht, Rummel).
- Eine weitere Alliteration findet sich im Vers 5: Alle bedeutungstragenden und betonten Wörter beginnen mit „sch" (Schießbude, schlafen, Schüsse).
- Die Verse 6–8 weisen eine Anapher auf und beginnen alle mit denselben drei Wörtern: will(s) keiner mehr. Bei allen drei Versen handelt es sich um Fragen, die durch einen strikten Parallelismus aufeinander bezogen sind, und dem Prinzip strenger Reihung folgen. Die Satzgliedfolge lautet: Modalverb (wollen), Indefinitpronomen (keiner), Adverb (mehr), Verb (wagen, würfeln, drehen).
- Lautlich wird das Gedicht durch „e" dominiert: Von 62 Silben lauten 33 auf „e".
- Die Verse 3–5, in denen drei Glücksspiele des Rummels angesprochen werden (Glücksrad, Würfelbecher, Schüsse bzw. Schießbude), sind zusätzlich auf das charakteristische „ü" in „Glück" und das „i" in „verliert" gestimmt. Die beiden Wörter markieren die thematische Klammer des Gedichtes.

LS 07 Eine vollständige Form-Inhalt-Analyse durchführen

		Zeit	Lernaktivitäten	Material	Kompetenzen
	HA		S erschließen Glosse zum Thema „Mode", fassen den Inhalt jedes Abschnitts in einem Satz zusammen und veranschaulichen alles in Form eines Schaubildes.	S 07.1 LS 07.M1	- Form und Inhalt eines Gedichtes vollständig analysieren - in der Gruppe effizient zusammenarbeiten und den eigenen Arbeitsprozess steuern - eine Folienpräsentation vorbereiten und durchführen - Inhalt eines linearen Textes in Form eines Schaubildes auswerten - Absatzüberschriften formulieren - Text in Sinnabschnitte gliedern - Wortarten, Satzstrukturen und Satzzeichen kennen - Form-Inhalt-Analyse eines Gedichtes schreiben
1	PA	10′	S vergleichen ihre Hausaufgaben.		
2	EA/ PL	10′	S lesen still das Gedicht „In sein". In einem Blitzlicht formulieren sie ihren ersten Eindruck.	S 07.2	
3	GA	30′	S analysieren mithilfe von Analyseanleitungen (Analysekarten) Form und Inhalt des Gedichtes und bereiten eine Folienpräsentation ihrer Ergebnisse mithilfe vorgegebener Tabellen vor.	S 07.3 LS 07.M1	
4	GA	10′	Die Gruppensprecher besprechen aufgetretene Probleme und tauschen Lösungen aus.		
5	GA	5′	S ergänzen eventuell ihre Ergebnisse.		
6	PL	15′	S führen eine Folienpräsentation durch.		
	HA		S schreiben eine zusammenhängende Form-Inhalt-Analyse des Gedichtes.	S 07.4	

Erläuterungen zur Lernspirale

Ziel der Doppelstunde ist es, eine umfassende Form-Inhalt-Analyse durchzuführen. Anhand eines Gedichtes, dessen Form konsequent die inhaltliche Aussage repräsentiert, sollen die Schüler alle Form-Inhalt-Bezüge aufzeigen.

Zum Ablauf im Einzelnen

1. Arbeitsschritt: Die inhaltliche Durchdringung der Glosse erleichtert den Zugang zum Gedicht. Wenn sich bei der Besprechung der Hausaufgabe durch die Banknachbarn herausstellt, dass der Inhalt der Glosse nicht ausreichend erschlossen wurde, ist von der Lehrerseite aus entsprechend nachzuhaken.

2. Arbeitsschritt: Es ist damit zu rechnen, dass Schüler im Blitzlicht Verständnisschwierigkeiten zu erkennen geben. Da diese Schwierigkeiten eine kalkulierte Wirkung des Gedichtes darstellen, sollte man nicht zu früh eingreifen.

Die mit dem **3. Arbeitsschritt** beginnende Gruppenarbeit hat eine komplexe Gruppenaufgabe zum Gegenstand, die von geübten Gruppen vollkommen selbstständig durchgeführt werden kann. Bei der Wortartenanalyse ist mit fachlichen Schwierigkeiten zu rechnen. Wichtiger als die richtige Bestimmung aller Partikel ist die Erkenntnis, dass die „wichtigen" Wortarten im Gedicht (vgl. Lösung LS 07.M1) fehlen.

Im **4. Arbeitsschritt** haben die Gruppen die Möglichkeit, offengebliebene Fragen und ungelöste Probleme in einer Gruppensprecherkonferenz zu klären. Dazu treffen sich die jeweiligen Gruppensprecher zu einer Beratungsrunde. Jeder Gruppensprecher trägt die Probleme vor, die in seiner Gruppe aufgetreten sind. Die Konferenzteilnehmer, die in der Lage sind zu helfen, erteilen entsprechende Ratschläge. Außerdem werden zur Kontrolle Lösungen ausgetauscht.
Wichtig ist, dass die Gruppensprecher ihre Gruppen nicht in einem Konkurrenzverhältnis sehen, sondern und tatsächlich bereit sind, sich gegenseitig zu unterstützen. Der Lehrer sollte daher schon zu Beginn der Gruppenarbeit darauf hinweisen, dass nur eine einzige Gruppe tatsächlich präsentiert. Das Zurückhalten vermeintlich besserer Ergebnisse in der Konferenzrunde wird dadurch hinfällig.
Der Lehrer kann die Konferenzrunde zu einem vorbestimmten Zeitpunkt nach Beginn der Gruppenarbeit ansetzen. Geübte Lerngruppen können das selber verabreden. Während der Konferenz der Gruppensprecher geht die Arbeit in den Gruppen weiter.

Im **5. Arbeitsschritt** erstattet der Gruppensprecher Bericht über die Anregungen, die er aus der Gruppensprecherkonferenz mitgebracht hat. Anschließend werden die bis dahin erarbeiteten Ergebnisse entsprechend ergänzt oder korrigiert.

6. Arbeitsschritt: Die Folienpräsentation erfolgt im Tandem. Die Stichworte auf der Follie sollten vor dem Hintergrund der durchgeführten Einzelanalysen (vgl. Analysekarten) ausführlich erläutert werden. Ergebnisse, die durch Unterstützung der Gruppensprecherkonferenz zustande gekommen sind, werden ausdrücklich erwähnt.

✓ Merkposten

- Losgegenstände
- Folien und Folienstifte
- Overhead-Projektor

LS 07.M1 Lösungen zu S 07.1 und S 07.3

▶ Lösungen zu S 07.1

Schaubild:

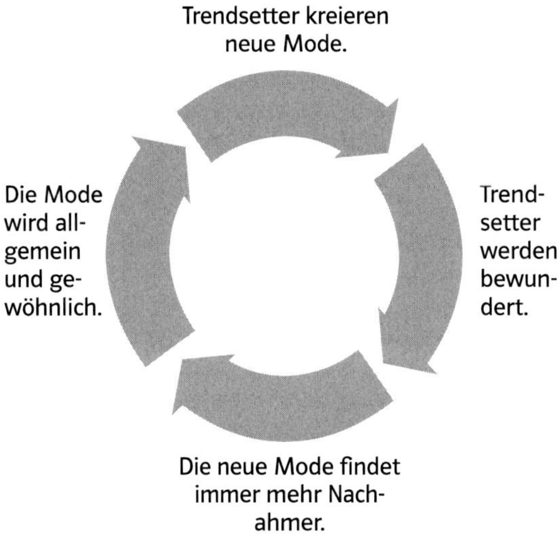

Abschnittsätze:

1. Menschen gleichen sich in ihrem Aussehen und ihrem Verhalten an.
2. Wer sich nicht an herrschende Moden anpasst, riskiert, ausgegrenzt zu werden.
3. Der Modebewusste will sich von anderen unterscheiden, um gesellschaftliche Aufmerksamkeit auf sich zu ziehen.
4. Nur wer das Ungewöhnliche und Extreme sucht, kann zum Trendsetter einer neuen Mode werden.
5. Wenn viele die Trendsetter nachahmen, breitet sich eine Mode so lange aus, bis eine neue kreiert wird.
6. Manche Menschen verweigern sich bewusst dem Diktat der Mode und lehnen das Buhlen um gesellschaftliche Anerkennung ab.
7. Aussteiger, die jede Mode vollkommen ignorieren, können wegen ihrer unverwechselbaren Individualität ungewollt zu Trendsettern einer neuen Mode werden.

▶ Lösungen zu S 07.3

▶ Lösung zur Analysekarte 1	▶ Lösung zur Analysekarte 2
wir wollen in sein denn wer nicht in ist ist out wer aber nicht out ist ist nun nicht mehr in wer in sein will muss out sein denn wer out ist ist in wer in sein will ohne out zu sein ist vollends out und wer wirklich out sein will muss in sein um out zu sein wer keins von beiden will nicht in sein nicht out sein ist out und das ist in	Wir wollen in sein. Denn wer nicht in ist, ist out. Wer aber nicht out ist, ist nun nicht mehr in. Wer in sein will, muss out sein. Denn wer out ist, ist in. Wer in sein will, ohne out zu sein, ist vollends out. Und wer wirklich out sein will, muss in sein, um out zu sein. Wer keins von beiden will, nicht in sein, nicht out sein, ist out. Und das ist in.

▶ Lösungen zur Analysekarte 3

Inhaltliche Aussage	Sinnabschnitte des Gedichtes
	In Sein *(eine Anleitung zum* *stromlinienförmigen Verhalten)*
Menschen wollen akzeptiert sein und kein Außenseiterdasein fristen.	Wir wollen in sein. Denn wer nicht in ist, ist out.
Wer nie das Außergewöhnliche sucht, wird niemals bewundert.	*Wer aber nicht out ist,* *ist nun nicht mehr in.*
Wer bewundert werden will, muss anders sein als andere, um die Aufmerksamkeit auf sich zu ziehen.	Wer in sein will, muss out sein. Denn wer out ist, ist in.
Wer sich immer nur der Masse anpasst, ist Mitläufer statt anerkannter Trendsetter.	*Wer in sein will,* *ohne out zu sein,* *ist vollends out.*
Wer sich der Mode verweigern will, muss sich am Durchschnitt orientieren.	Und wer wirklich out sein will, muss in sein, um out zu sein.
Wer überhaupt nicht auf Mode und gesellschaftliche Anerkennung schaut, ist so extravagant, dass er einfach zu einem Trendsetter werden muss.	*Wer keins von beiden will,* *nicht in sein,* *nicht out sein,* *ist out,* *und das ist* *in.*

▶ Lösungen zur Analysekarte 4

Anzahl der Wörter: 75
Die häufigsten drei Wörter: sein (19x); out (10x); in (9x).
Anzahl der verschiedenen Wörter: 21
Liste der im Gedicht verwendeten Wörter (in der grammatikalischen Grundform):
wir, wollen, in, sein, denn, wer, nicht, out, aber, nun, mehr, müssen, ohne, vollends, und, wirklich, um, keins, von, beiden, das.

Substantive	Vollverben	Hilfsverben	Adjektive
		wollen	
		sein	
		müssen	

Pronomen	Adverbien	Konjunktionen	Präpositionen
wir	nicht	denn	ohne
wer	nun	aber	von
kein(e)s	mehr (hier)	und	
beide	vollends	um (hier)	
das (hier)	wirklich (hier)		

ERGEBNISFORMULAR ZUR FORM-INHALT-ANALYSE

Formaspekt	Wirkung auf den Leser	Inhaltliche Funktion
durchgehende Kleinschreibung („Uniformität" der Buchstaben)	kann verwirren und das Verständnis erschweren	Hinweis auf die Uniformität einer Gesellschaft, die sich in ihrer Mehrheit einer Mode anpasst
zentrierter Satz (einem Pfeil oder einem Fisch entsprechender, stromlinienförmiger Umriss des Gedichtes)	lenkt die Aufmerksamkeit auf die Form	Hinweis entweder auf die sich pfeilschnell ausbreitende Mode oder auf den Typus des Mitläufers, der mit dem Strom schwimmt, und sich geschmeidig den Trends anpasst
Überschrift (Klammeranmerkung) im Widerspruch zur Intention des Gedichtes (Ironie)	erzeugt zunächst eine falsche Lesererwartung, regt zum Nachdenken an	Akzentuierung der Intention des Gedichtes, das nicht zum In-Sein anleiten will, sondern sich über das Phänomen der Mode und ihre Jünger belustigt
Verzicht auf Strophengliederung und Satzzeichen	provoziert ein Weiterlesen ohne Pausen; erschwert das Feststellen von Sinneinheiten	Hinweis auf den unaufhaltsamen Prozess der Mode und die Schwierigkeit, beim schnell wechselnden Hin und Her den Überblick zu behalten
wiederholtes Verwenden der gleichen Wörter	„einlullende" Redundanz, Monotonie	Hinweis auf die Homogenität der Mode und das Moment der Wiederholung im „Regelkreis" des Modeprozesses
das Hilfsverb „sein" wird in 21 Versen 19 mal gebraucht	stereotype Monotonie des Satzbaus	Indirekte Anspielung darauf, dass es bei der Mode gerade nie um das „Sein", sondern immer nur um den Schein geht
mehrdeutiger Gebrauch von „in" (angepasst/unangepasst) und „out" (ausgegrenzt/außergewöhnlich)	verwirrt, stiftet zum Nachdenken über die Wortbedeutungen an	Macht darauf aufmerksam, dass das, was in und out ist, sein Vorzeichen ändern kann und inhaltlich im Prinzip beliebig ist
Verzicht auf Wörter der sinntragenden Wortarten	erschwert das Verständnis, worum es geht	Signal dafür, dass das wirklich Wichtige nicht Gegenstand der Mode ist

LS 08 Rhetorische Figuren erkennen und verwenden

		Zeit	Lernaktivitäten	Material	Kompetenzen
	HA		S formulieren auf der Basis des Überblicks LS 08.M1 eigene Beispiele zu rhetorischen Figuren.	S 08.1 LS 08.M1	- Beispiele für rhetorische Figuren kreieren und in eigenen Texten verwenden
1	GA	10′	S führen ein Quiz durch. Dabei stellen sie ihre eigenen Beispiele für rhetorische Figuren vor und bestimmen die ihrer Mitschüler.	S 08.2	- Fachbegriffe zur Bezeichnung rhetorischer Figuren kennen und anwenden
2	PL	10′	S präsentieren in einem streng geregelten Kreisgespräch (siehe Erläuterung) weitere rhetorische Stilbeispiele.		- Lernstrategien zum Einprägen von Fachbegriffen anwenden
3	PA	15′	S markieren und bestimmen die rhetorischen Figuren in dem Gedicht „An die Geliebte“.	S 08.3	- die rhetorischen Mittel eines Gedichtes analysieren
4	EA	5′	S überprüfen, korrigieren und ergänzen ihre Ergebnisse anhand des Lösungsblattes.	LS 08.M2	- aufmerksam zuhören und gemäß vereinbarter Regeln auf die Beiträge anderer reagieren
5	PA	40′	S schreiben eine Rede mit möglichst vielen rhetorischen Figuren und entwerfen ein Lösungsblatt dazu.	S 08.4	- eine Rede zu einem ausgewählten Thema schreiben

Erläuterungen zur Lernspirale

Ziel der Doppelstunde ist, das Erkennen und Verwenden von rhetorischen Figuren in vielfacher Weise zu üben. Die Schüler sollen rhetorische Figuren in Texten finden und terminologisch korrekt benennen. Zudem erfinden sie eigene Beispiele für rhetorische Figuren und setzen diese gezielt in eigenen Texten ein.

Zum Ablauf im Einzelnen

Für die Hausaufgabe, die dem **1. Arbeitsschritt** zugrunde liegt, kann man aus der Liste der rhetorischen Figuren in LS 08.M1 eine Auswahl treffen, um den häuslichen Arbeitsaufwand für die Schüler zu begrenzen. Die Arbeit kann statt zu Hause auch im Unterricht in PA oder GA erledigt werden. In diesem Fall ist die Stundenplanung entsprechend anzupassen.

Die Durchführung des 1. Arbeitsschrittes erfolgt – streng nach den Regeln (vgl. S 08.2) – in Zufallsgruppen.

Im **2. Arbeitsschritt** versammeln sich die Schüler im Sitzkreis. In einem Kreisgespräch sollen sie nach der Gruppenphase auch noch einmal im Plenum unter Beweis stellen, dass sie produktiv und analytisch mit rhetorischen Figuren umgehen können. Für das Kreisgespräch, das der Lehrer vorab kurz erklären muss, gelten folgende Regeln:

Am Anfang erhält ein Schüler das Wort und trägt ein beliebiges Beispiel für eine rhetorische Figur vor. Der nächste Schüler im Kreis erkennt, um welche rhetorische Figur es sich handelt, und präsentiert sein eigenes Beispiel dazu. Der übernächste schließt sich mit seinem Beispiel an. Dies setzt sich so lange fort, bis der Lehrer ein akustisches Zeichen gibt.

Dieses Signal verlangt eine neue rhetorische Figur. Der Schüler, der nun an der Reihe ist, hat die Wahl und bestimmt durch sein Beispiel, mit welcher rhetorischen Figur es weitergeht. Der folgende Schüler liefert dazu wiederum sein Beispiel, bis der Lehrer abermals ein Zeichen gibt, und wieder eine neue rhetorische Figur durch ein Schülerbeispiel in Umlauf gebracht wird.

Kann ein Schüler die Beispielkette nicht fortsetzen, weil er die zugrunde liegende rhetorische Figur nicht erkennt, wird „gelöst“. Das heißt, der Vorredner nennt die rhetorische Figur, um die es gerade geht. Danach wird das Kreisgespräch mit einem Beispiel zu einer anderen rhetorischen Figur fortgesetzt.

Trägt ein Schüler ein Beispiel vor, das nicht der rhetorischen Figur seines Vorredners entspricht, heben alle, die den Fehler bemerken, den Arm. Um den Fehler zu klären, nennt der Vorredner die rhetorische Figur, die seinem Beispiel zugrunde gelegen hat. Auch hier erfolgt die Fortsetzung mit einem Beispiel zu einer neuen rhetorischen Figur.

Der **3. Arbeitsschritt** stellt eine weitere Übungsphase zur Bestimmung von rhetorischen Figuren in Fremdtexten dar und dient der geistigen Vorbereitung auf den 5. Arbeitsschritt.

Die Überprüfung der Ergebnisse im **4. Arbeitsschritt** erfolgt durch Selbstkontrolle. Dazu legt der Lehrer eine Folie des Lösungsblattes (siehe LS 08.M2) auf den Overhead-Projektor.

Die im **5. Arbeitsschritt** entstandenen Texte samt der Lösungsblätter orientieren sich am Beispiel LS 08.M2. Sie werden am Ende der Stunde vom Lehrer eingesammelt oder von den Schülern zu Hause noch einmal überarbeitet. Sie können im weiteren Verlauf der Unterrichtseinheit als Übungsmaterial zur Bestimmung von rhetorischen Figuren in gleicher Weise genutzt werden wie in dieser Stunde Anakreons Gedicht „An die Geliebte“.

✓ Merkposten

- LS 08.M1 für alle S kopieren
- LS 08.M2 auf Folie kopieren
- Losgegenstände

LS 08.M1 Rhetorische Figuren im Überblick

BILDER

Metapher	Baumkrone, Flussbett Die Zeit fließt träge dahin. Was bist du doch für ein Ferkel!	Ein Wort/Bedeutungsbereich wird mit einem anderen, mit dem es gewöhnlicherweise nicht verknüpft ist, so verbunden, dass es eine übertragene Bedeutung annimmt.
Metonymie	Er trank zwei Glas (Bier). Washington (die amerikanische Regierung) schweigt sich aus.	Ersetzung eines gebräulichen Wortes durch ein anderes, das mit ihm in Beziehung steht.
Personifikation	Die Lokomotive keucht den Berg hinauf.	Sonderfall der Metapher; ein Wort/Bedeutungsbereich wird vermenschlicht.
Symbol	Taube (Symbol des Friedens) Zepter (Symbol der Macht)	Ein konkreter Gegenstand, der auf einen allgemeinen Sinnzusammenhang verweist.
Synästhesie	Sein Geigenspiel ist voller Farbe. Sie spricht mit süßer Stimme.	Sonderfall der Metapher; zwei unterschiedliche Sinneseindrücke werden verbunden.
Synekdoche (pars pro toto)	Jeder Mensch braucht das tägliche Brot und ein Dach über dem Kopf.	Ein Teil eines Bedeutungsbereiches steht für das Ganze.
Vergleich	Der Boxer war stark wie ein Bär. Die Tänzerin tanzte mit einer Leichtigkeit, als ob sie schwebte.	Zwei Wörter oder Bedeutungsbereiche, die etwas gemeinsam haben, werden durch ein Vergleichspartikel miteinander verbunden.

WORTFIGUREN

Correctio	Du musst rasch, nein, sofort kommen. Die Aussicht ist schön, ja, einzigartig.	Verstärkung eines Ausdrucks (einer Aussage) durch nachträgliche Korrektur.
Emphase (Nachdrücklichkeit)	Unfassbar! Unglaublich, dass du mir das angetan hast! Und du willst eine Freundin sein? Du? Ausgerechnet du?	Nachdrückliches und gefühlsbetontes Hervorheben einzelner Wörter im Redefluss.
Euphemismus (Beschönigung)	entschlafen, ableben (statt sterben). Der Chef schickte seine Mitarbeiter nach Hause (statt: Er entließ sie).	Verhüllende, beschönigende Umschreibung; gedämpfter Stil.
Hyperbel (Übertreibung)	Berge von unerledigter Arbeit lagen auf seinem Schreibtisch.	Verstärkung eines Ausdrucks (einer Aussage) durch starke Übertreibung.
Litotes (Untertreibung)	Das Ziehen eines Backenzahns ohne Betäubung ist <u>nicht ganz schmerzfrei.</u> Das Amt des Bundeskanzlers ist <u>kein unwichtiges</u> Amt.	Abschwächung der eigentlichen Aussage durch das Verneinen des Gegenteils.
Paraphrase	Doktor Wenzel, einzigartiger Chirurg und allseits bewunderter Chefarzt, …	Weiter ausführende Umschreibung eines Begriffs oder Zusammenhangs.
Periphrase	Der Gedichteerzeuger (für Dichter) die Honigsucherin (für Biene).	Umschreibung eines Begriffs durch eine seiner Eigenschaften.

SATZFIGUREN

Akkumulation (Reihung)	Vater, Mutter, Onkel, Tanten, Neffen, Nichten: Alle waren geladen.	Aneinanderreihung mehrerer Unterbegriffe statt des Oberbegriffs.
Antiklimax (Abstufung nach unten)	Er raste los, trabte, zögerte und blieb stehen.	Wörter oder Sätze werden so angeordnet, dass sich eine Abstufung nach unten ergibt.
Chiasmus (Überkreuzstellung)	Er liebt sie. Sie liebt ihn. Glänzt der Jüngling, rostet der Alte.	Satzglieder, die sich entsprechen, werden über Kreuz angeordnet.
Ellipse (Auslassung)	Was (machen Sie) nun?	Unvollständiger Satz.
Hyperbaton, Inversion (Umstellung)	Er liebt der Geige Klang. Das Kind kam nach Hause endlich.	Reihenfolge der Satzglieder weicht von der üblichen Abfolge im Satz ab.
Klimax (Steigerung)	Er ging auf ihn zu, packte ihn und warf ihn zu Boden.	Sätze oder Wörter werden so angeordnet, dass sich eine Steigerung ergibt.
Parallelismus (Gleichlauf)	Gestern war er noch ein Junge. Heute ist er schon ein Mann.	Aufeinanderfolgende Sätze stimmen in der Abfolge ihrer Satzglieder überein.
Zeugma	Er gab ihm zuerst ein Glas Wein und dann eine Ohrfeige.	Zwei Substantive werden durch ein Verb verbunden, das nicht zu beiden in gleicher Weise passt.

GEDANKENFIGUREN

Antithese (Entgegenstellung)	Weinen macht krank, Lachen macht gesund.	Gegenüberstellung gegensätzlicher Begriffe oder Gedanken.
Contradictio in adiecto	Beredtes Schweigen, gemächliches Rasen.	Ein Adjektiv und sein Bezugswort widersprechen sich.
Ironie	Eine Fünf! Das ist ja mal wieder eine tolle Leistung.	Das Gegenteil von dem sagen, was man meint.
Katachrese (Bildsprung)	Wenn alle Stricke reißen, hänge ich mich auf.	Fehlerhafte, häufig komische Verbindung zweier bildhafter Ausdrücke (Stilblüte).
Oxymoron (Widerspruch)	Bittre Süße, helles Schwarz.	Verbindung zweier Begriffe, die sich ausschließen.
Paradoxon (Paradox)	Wer immer nur Spaß hat, kann nicht immer Spaß haben.	Scheinwiderspruch.
Rhetorische Frage	Wollen wir nicht alle glücklich sein?	Frage, deren Beantwortung unstrittig ist, und einer Aussage besonderen Nachdruck verleihen soll.

KLANGFIGUREN

Alliteration (Stabreim)	Milch macht müde Männer munter.	Aufeinanderfolgende Wörter beginnen mit dem gleichen Laut.
Anapher	Alles habe ich für dich getan. Alles werde ich für dich tun.	Aufeinanderfolgende Sätze oder Verse beginnen mit dem gleichen Wort.
Epipher	Das wollte ich nie; doch es gibt kein Nie.	Aufeinanderfolgende Sätze oder Verse enden mit dem gleichen Wort.
Onomatopoesie (Lautmalerei)	Das Glas fiel vom Tisch: klirr.	Der Klang von Geräuschen wird durch lautähnliche Wörter wiedergegeben.
Paronomasie (Wortspiel)	Eine lästige Last. Eile mit Weile!	Wörter mit gleichem Wortstamm oder ähnlichem Klang werden sinnreich miteinander verbunden.
Pleonasmus	Weißer Schimmel, kranker Patient.	Hinzufügen eines Wortes, dessen Bedeutung im Bezugswort bereits enthalten ist.
Tautologie	Immer und ewig, stark und kräftig.	Wiederholung des bereits Gesagten durch ein sinnverwandtes Wort (Synonym).

LS 08.M2 Lösung zu S 08.3

Du, nur du bist meine Geliebte,	**Chiasmus**
Meine Geliebte bist du, nur du.	**Chiasmus**
Schön bist du wie eine Gazelle,	**Anapher, Vergleich**
Schön wie eine weiße Taube.	**Anapher, Vergleich**
O mein Täubchen, meine Königin,	**Metaphern**
Wie bist du anzuschauen schön,	**Hyperbaton, Epipher**
Herrlich, wunderbar, unendlich schön.	**Klimax, Epipher**
Ich heiße dich Geliebte	**Zeugma**
Und herzlich willkommen,	**Zeugma**
Wenn dein Lächeln um deine Wangen spielt,	**Anapher, Personifikation**
Wenn deine Wangen glühen von zartem Rot,	**Anapher, Metapher**
Wenn deine leidenschaftliche Sanftheit	**Anapher, Oxymoron**
Und deine stürmische Ruhe	**Oxymoron**
Mich umfangen mit ihren Armen.	**Personifikation**
Könnte ich dich mehr lieben?	**rhetorische Frage**
Könnte ich mehr nach dir verlangen?	**rhetorische Frage**
O Geliebte, edle Schöne, sei mir hold!	**Paraphrase**
Der Liebe Glanz und Huld, gewähre mir sie	**Hyperbaton**
Und hundert, tausend Küsse jeden Augenblick.	**Hyperbel**
O wende deine Augen doch niemals von mir ab,	**Synekdoche**
Niemals entziehe mir dein Herz!	**Synekdoche**
Mit steter, nie endender, unaufhörlicher Liebe	**Klimax**
Sei ewig und immer mein.	**Tautologie**
Denk ich doch jeden neuen Tag,	
Nein, Tag und Nacht an dich,	**Correctio, Epipher**
Bei jedem Herzschlag nur an dich.	**Hyperbel, Epipher**
Willst du mich nicht lieben,	
Dann falle zu Boden ich, falle	**Hyperbaton**
In einen Abgrund und aus der Welt.	**Metapher**
Und Schmerz ergreift mein Innerstes,	**Personifikation**
Zerreißt meine Eingeweide wie ein Rudel	**Personifikation, Vergleich**
Hyänen.	
Doch nicht klagen will ich,	**Antithese**
will nur jubeln:	**Antithese**
Dass meine liebliche, liebreizende Geliebte	**Alliteration, Paronomasie**
Nur mich labt, liebt, liebkost	**Alliteration**
und alles - alles! - hasst,	**Emphase**
was ich nicht bin.	
Mich allein hat sie erkoren und erwählt!	**Antithese, Tautologie**
Alle andren nur verachtet und verschmäht!	**Antithese, Tautologie**
Darum will ich ihr einen Wald von Rosen	**Hyperbel**
Und alle Sterne des Himmels schenken	**Hyperbel**
Und auf einer Wolke,	**Metapher**
Hoch über dem Erdboden,	**Entfaltete Metapher**
Mit ihr durchs Leben fliegen,	**Entfaltete Metapher**
Immer weiter und ohne Blick zurück	**Entfaltete Metapher**
Nach jenen Orten, wo Liebe	
Nicht wohnt.	**Personifikation**

LS 09 Einen Lexikonartikel zur Poetologie entwerfen

		Zeit	Lernaktivitäten	Material	Kompetenzen
1	GA	5′	S lesen und besprechen den Gruppenarbeitsauftrag.	S 09.1	- einen Artikel für ein Lexikon schreiben - einen Schreibplan erstellen und eine Gliederung entwerfen - strukturiert, verständlich und adressatenbezogen schreiben - Texte inhaltlich und sprachlich überprüfen und überarbeiten - Textverarbeitungsprogramme und ihre Möglichkeiten nutzen - Nachschlagewerke und andere Informationsquellen gezielt nutzen - Fachbegriffe zur Lyrik kennen und anwenden - Strategien zum Leseverstehen gezielt anwenden
2	EA	15′	S erschließen aufgabengemäß die „poetologischen Schnipsel" und notieren fehlende Aspekte.	S 09.2	
3	EA	25′	S recherchieren in der entsprechenden Fachliteratur, im Internet und anderen Quellen weitere Aspekte zur Theorie der Lyrik.	S 09.3	
4	GA	40′	S tauschen sich zu ihren Notizen und Recherchen aus, erstellen eine Gliederungsskizze für den Lexikonartikel, verteilen die zu schreibenden Textabschnitte untereinander und beginnen mit deren Ausarbeitung.	S 09.4	
	HA		S stellen „ihre" Textabschnitte für den Lexikonartikel fertig.		
5	GA	60′	S führen eine Redaktionskonferenz durch. Sie stellen ihre Textabschnitte vor, besprechen notwendige Änderungen, vereinbaren ein Verfahren zur Textüberarbeitung und redigieren die Texte in der vorgesehenen Weise.	S 09.5	
6	GA	20′	S fügen die einzelnen Textabschnitte des Lexikonartikels zusammen und führen eine „redaktionelle Endkontrolle" durch.	S 09.6	

Erläuterungen zur Lernspirale

Ziel der beiden Doppelstunden ist, dass die Schüler ihre erworbenen Kenntnisse zur Theorie der Lyrik noch einmal durchdenken, ergänzen, ordnen und in einfacher Sprache in einem eigenständigen Text zusammenfassen.

Zum Ablauf im Einzelnen

Im **1. Arbeitsschritt** verschaffen sich die nach dem Zufalls- oder Setzprinzip gebildeten Gruppen einen Überblick über die komplexe Gruppenaufgabe und den mehrstufigen Arbeitsablauf. Eventuell kann der Arbeitsauftrag auch im Plenum besprochen werden.

Im **2. Arbeitsschritt** arbeitet jeder Schüler für sich.

Der ideale Ort für die Durchführung des **3. Arbeitsschrittes** wäre die Schulbibliothek oder ein Computerraum, damit Internetrecherchen durchgeführt werden können. Will man der Recherchearbeit größeren Raum geben, sollte man den Unterrichtsablauf so organisieren, dass die Aufgabe S 09.3 zur Hausaufgabe wird.

Im **4. Arbeitsschritt** konzentriert sich die Gruppe auf eine klare Gliederung und eine sinnvolle Verteilung der geplanten Gliederungsabschnitte auf die Mitglieder der Gruppe. Da der Lexikonartikel arbeitsteilig entsteht und erst im Anschluss an die Fertigstellung der einzelnen Abschnitte nach dem Baukastenprinzip zu einem kompletten Text wird, ist eine Vorausplanung nötig. Sie schließt von vornherein Redundanzen und inhaltliche Sprünge in der Endfassung aus. Die Schüler sollten unbedingt innerhalb der Stunde mit der Ausarbeitung der Textabschnitte beginnen. Dadurch bekommen sie die Gelegenheit, auf sachliche und gliederungstechnische Probleme, die sich erst beim Ausformulieren zeigen, zu reagieren und Planungsänderungen abzusprechen. Die Fertigstellung kann in Ruhe zu Hause erfolgen. Schüler, die gemeinsam an einem Abschnitt arbeiten, müssen sich dazu genau absprechen. Die Erarbeitung der Textabschnitte am PC ist empfehlenswert, aber nicht unbedingt nötig.

Die erfolgreiche Durchführung des **5. Arbeitsschrittes** setzt die Erledigung der Hausaufgabe und eine stringente Arbeitsorganisation voraus. Es kommt darauf an, beim Vorstellen der Ergebnisse nicht zu viel Zeit zu verlieren und sich rasch auf ein effizientes Verfahren zur Überarbeitung der Textbausteine zu einigen. Nur so bleibt genug Zeit für die notwendigen Korrekturen.

Die korrigierten Textbausteine für den Lexikonartikel werden im **6. Arbeitsschritt** in einer Datei am Rechner zusammengeführt. Die Endkontrolle erfolgt am Bildschirm. Alle Mitglieder der Gruppe erhalten eine Kopie der Datei. Liegen die Lexikonartikel handschriftlich und in Papierform vor, kleben die Schüler die sauber zugeschnittenen Zettel auf einen DIN-A3-Bogen.
Die fertigen Artikel können vom Lehrer korrigiert und benotet oder in anderer Weise gewürdigt werden. Sie können auch im Klassenzimmer aufgehängt werden.

✓ **Merkposten**
- Arbeit am PC
- DIN-A3-Papier, Scheren, Kleber
- Losgegenstände

LS 10 Textexterne Informationen zur Gedichtanalyse nutzen

		Zeit	Lernaktivitäten	Material	Kompetenzen
1	EA	10'	S erschließen die formalen Gestaltungsmittel und rhetorischen Figuren in Brechts Gedicht „Moderne Legende" durch entsprechende Markierungen und Randbemerkungen.	S 10.1	- Zusammenhänge zwischen Text, Entstehungszeit und Leben eines Autors herstellen - Textquellen gezielt Informationen entnehmen und auswerten - eigene Deutung eines Textes entwickeln und sich mit anderen darüber verständigen - eine Textinterpretation mithilfe textexterner Informationen schreiben - ein Interview sachgemäß vorbereiten und durchführen - längere freie Redebeiträge leisten - Gesprächsverhalten anderer beobachten und reflektieren
2	PA	10'	S tauschen ihre Ergebnisse untereinander aus und formulieren die Botschaft des Gedichtes in einem Satz.	S 10.2	
3	GA	35'	S erschließen sich Informationen zur weltanschaulichen Entwicklung Brechts im 1. Weltkrieg und bereiten ein Interview vor, in dem Brecht aus der Retrospektive über diesen Lebensabschnitt und seine damaligen literarischen Intentionen Auskunft gibt.	S 10.3	
4	PL	25'	S präsentieren ihr Interview, geben sich gegenseitig ein Feedback und diskutieren die Bedeutung textexterner Informationen für die Interpretation von Brechts Gedicht.		
	HA		S schreiben eine Interpretation zu „Moderne Legende", in der sie ihre historischen und biografischen Kenntnisse zur Deutung des Gedichtes nutzen.	S 10.4	

Erläuterungen zur Lernspirale

✓ Merkposten
- Losgegenstände

Ziel der Doppelstunde ist, dass die Schüler den Wert textexterner Informationen für die Interpretation eines Gedichtes kennen lernen. Anhand eines Gedichtes von Bertolt Brecht erproben sie, wie man die Intention des Autors mithilfe biografischer Kenntnisse erschließt.

Zum Ablauf im Einzelnen

Auch wenn die Bedeutung textexterner Informationen für die Interpretation eines Gedichtes in dieser Doppelstunde im Vordergrund steht, sollte im **1. Arbeitsschritt** die textimmanente Analyse nicht vernachlässigt werden. Brechts rhetorisch wirkungsvolles Gedicht mit seiner antithetischen Gegenüberstellung von Freunden und Feinden, seiner emphatischen Beschwörung ihrer gegensätzlichen Gefühle und seinen zahlreichen rhetorischen Figuren eröffnet den Schülern die Möglichkeit, mittlerweile erlernte Fähigkeiten in der Formanalyse zu überprüfen und zu üben.

Im **2. Arbeitsschritt** tauschen die Schüler ihre Textbeobachtungen zu Gestaltungsmitteln und rhetorischen Figuren aus und formulieren – vom Text her – die vermutete Intention des Textes. Auf eventuell bereits vorhandene biografische Kenntnisse zu Brecht sollen sie dabei ausdrücklich nicht zurückgreifen.

Für den **3. Arbeitsschritt** werden Zufallsgruppen gebildet. Die Gruppenarbeit umfasst drei Phasen. Zunächst erschließt jeder Schüler für sich die „Übersicht zum historischen und biografischen Hintergrund" und macht sich entsprechende Notizen. Anschließend tauschen sich alle Gruppenmitglieder über das Gelesene aus und halten die wichtigsten Hinweise zu Brechts Entwicklung – von anfänglicher Kriegsbegeisterung und patriotischer Heldenverehrung zu einer Ablehnung des Krieges und seiner ideologischen Rechtfertigung – in Form einer Stichwortskizze fest.
Erst auf der Basis dieser Informationen zur Biografie des jungen Brecht entwickelt die Gruppe einen Leitfaden für ein Interview mit ihm. Darin blickt er „voller Altersweisheit" auf die Einstellungen und literarischen Erzeugnisse seiner Jugend. Die Schüler formulieren die Fragen, die während des Interviews gestellt werden sollen, und legen sich mögliche Antworten zurecht. Die Leerstellen in der „Übersicht zum historischen und biografischen Hintergrund" – z.B. die Frage, wie es zum Umschwung in Brechts Einstellung zum Krieg gekommen ist – dürfen die Schüler produktiv füllen. Der alte Brecht darf im Interview über Gefühle und Gedanken seiner Jugendzeit reden, die in den vorliegenden Informationen nicht dokumentiert sind. Allerdings soll nichts erfunden werden, was den Quellen und der inneren Logik von Brechts Entwicklung widerspricht!

Am Ende **(4. Arbeitsschritt)** stellen zwei Gruppen ihr Interview vor. Dazu lost man jeweils zwei Schüler aus den betreffenden Gruppen aus.

Variante: Das Interview-Tandem besteht aus Mitgliedern unterschiedlicher Gruppen. In diesem Fall muss „Brecht" spontan auf Fragen reagieren, die er nicht kennt.

LS 11 Das Gliederungsmodell einer Gedichtanalyse entwickeln

		Zeit	Lernaktivitäten	Material	Kompetenzen
1	EA	5′	S lesen das Gedicht und markieren in üblicher Form.	S 11.1	- eine Modellgliederung für eine Gedichtanalyse konzipieren - einen Text durch Gliederungsüberschriften strukturieren - Textzusammenfassung mithilfe einer Gliederung frei vortragen - Redebeiträge anderer verfolgen und aufnehmen - Präsentationstechniken (Moderationskärtchen) angemessen anwenden - mit anderen kooperieren
2	EA	15′	S erschließen die vorliegende Beispielanalyse und notieren Überschriften für einzelne Gliederungsabschnitte.	S 11.2	
3	PA	15′	S halten Partnervorträge über den Inhalt der Form-Inhalt-Analyse und vergleichen ihre Randbemerkungen zu den Gliederungsabschnitten.	S 11.3 LS 11.M1	
4	GA	15′	S entwerfen einen Vorschlag für ein sinnvolles Gliederungsmodell einer Form-Inhalt-Analyse und schreiben die einzelnen Gliederungspunkte auf Kärtchen.	S 11.4	
5	PL	20′	S präsentieren und diskutieren ihre Gliederungsmodelle in einer Stafettenpräsentation.	LS 11.M1	
6	PL	10′	S vereinbaren ein verbindliches Gliederungsmodell.		

Erläuterungen zur Lernspirale

Ziel der Doppelstunde ist, dass sich die Schüler anhand eines Textbeispieles die Bestandteile und die Gliederung einer Form-Inhalt-Analyse vergegenwärtigen. Sie entwickeln selbstständig ein geeignetes Gliederungsmodell, das sie in Zukunft den eigenen Gedichtanalysen zugrunde legen.

Zum Ablauf im Einzelnen
Im **1. Arbeitsschritt** verschaffen sich die Schüler einen Überblick über Brechts Gedicht „Der Rauch", um sich auf die Lektüre der Beispielanalyse dieses Gedichtes im 2. Arbeitsschritt vorzubereiten.

Im **2. Arbeitsschritt** erschließen sich die Schüler die vorliegende Form-Inhalt-Analyse in mehreren Lesedurchgängen. Zuerst überblicken sie das Textganze. Dann versuchen sie, die inhaltlichen Einzelheiten der Analyse nachzuvollziehen und markieren wichtige Ergebnisse und Begriffe. Schließlich richten sie ihre Aufmerksamkeit auf den Aufbau des Textes und notieren am Rand die entsprechenden Überschriften zu den einzelnen Gliederungsabschnitten. Das Erkennen der Gliederungsabschnitte wird dabei durch die Absatzgliederung des Textes erleichtert. Der Lehrer entscheidet, ob er den Schülern gestattet, Verständnisprobleme mit dem Nachbarn zu besprechen, oder ob er im Anschluss Verständnisschwierigkeiten im Plenum klärt.

Für die Partnerarbeit im **3. Arbeitsschritt** werden Zufallstandems gebildet. Während der frei zu sprechenden Partnervorträge über den Inhalt der Gedichtanalyse sitzen die Schüler im Doppelkreis oder jeweils zu zweit an einem Tisch. Als Grundlage dienen nur die Überschriften zur Abschnittsgliederung und die Markierungen im Text, keine Spickzettel. Für den Vortrag haben die Schüler jeweils drei Minuten Zeit. Der Lehrer markiert den Anfang und das Ende des Vortrages durch ein akustisches Zeichen. Anschließend geben sich die jeweiligen Partner ein Feedback zu ihrem Vortrag, besprechen offengebliebene Fragen und vergleichen noch einmal ihre Ergebnisse zum Aufbau der Gedichtanalyse.

Für den **4. Arbeitsschritt** bildet man Zufallsgruppen, die sich auf ein gemeinsames Gliederungsmodell einigen. Diskussionsgrundlage dafür ist die Beispielanalyse, die sie vorher kennen gelernt haben. Im Prinzip sind die Schüler völlig frei in ihren Entscheidungen. Vor dem Hintergrund ihrer eigenen Schreibversuche wägen sie unterschiedliche Gliederungsmodelle gegeneinander ab und treffen am Ende eine begründete Entscheidung für das ihrer Meinung nach geeignete Gliederungsmodell. Abschließend wird das Ergebnis auf Moderationskärtchen festgehalten (ein Gliederungspunkt jeweils auf ein Kärtchen).

Im **5. Arbeitsschritt** präsentiert eine Gruppe wie bei einer Stafettenpräsentation ihre Kärtchen. Die auf die Gruppenmitglieder verteilten Kärtchen werden aufgehängt und jeweils kurz erläutert. Das Ergebnis wird vom Plenum diskutiert. Dabei können Karten umgehängt oder einzelne Karten anderer Gruppen eingefügt werden. Wenn die Schüler sich ausschließlich am linearen Gliederungsmodell der Beispielanalyse orientiert haben, kann der Lehrer die aspektorientierte Analyse ins Spiel bringen. Oder er fragt nach, an welcher Stelle die Interpretationshypothese ihren Ort haben sollte.

6. Arbeitsschritt: Ergebnis der Diskussion ist die verbindliche Festlegung eines Gliederungsmodells, an dem sich alle Schüler zukünftig orientieren. Die Schüler übertragen diese in ihr Heft.

✓ Merkposten
- Losgegenstände
- Moderationskarten
- Filzmarker
- Pinnwand und Nadeln

LS 11.M1 Lösung zu S 11.3

„DER RAUCH“ – EINE FORM-INHALT-ANALYSE

Bertolt Brechts Gedicht „Der Rauch“ stammt aus dem Jahr 1953. Es gehört zu den so genannten „Buckower Elegien“, Brechts letztem Gedichtzyklus. Brecht lebte zu dieser Zeit in Ostberlin, um sich am Aufbau eines sozial gerechteren sozialistischen Deutschlands zu beteiligen. In den Sommermonaten hielt er sich in Buckow auf, wo er ein Haus mit einem Garten am See gepachtet hatte.	Einordnung des Textes biografischer Hintergrund
Von diesem Ort handelt das Gedicht. Anders als man das von einem politischen Autor erwartet, der so gut wie keine Naturlyrik geschrieben hat, ist in diesem Gedicht eine Naturidylle der Gegenstand. Beschrieben wird ein Landschaftsbild: ein Haus am See, aus dessen Schornstein Rauch aufsteigt.	Thema und Inhalt des Gedichtes
Dies geschieht äußerst wortkarg. Das ganze Gedicht umfasst – ohne weitere Strophengliederung – bloß fünf schmucklose Verse mit insgesamt gerade mal 21 Wörtern. Weder Reime noch ein regelmäßiges Metrum kennzeichnen das Gedicht als poetisches Gebilde. Wäre die Zeilenbrechung nicht, könnte man den Text auf den ersten Blick auch für ganz gewöhnliche Prosa halten. Trotz des Fehlens deutlich sichtbarer Gliederungsmerkmale ergibt sich aber eine innere Struktur, wenn man den dritten Vers als Mittelachse des Gedichtes auffasst, um die herum sich die beiden Anfangs- und die beiden Schlussverse gruppieren.	Aufbau, Struktur und äußere Form
Die beiden ersten Verse stehen im strengen Zeilenstil. Brecht, der in diesem Gedicht nicht alle Satzzeichen setzt, verdeutlicht dies jeweils mit dem Punkt am Versende. Der Leser ist auf diese Weise aufgefordert, zunächst jeden Vers für sich zu betrachten.	lineare Detailanalyse der ersten zwei Verse
Der erste nennt die Einzelheiten des evozierten Landschaftsbildes: Haus, Bäume, See. Wie eine Kamera, die immer größeren Abstand zum Objekt gewinnt, nimmt man zuerst das Haus in den Blick, dann die nähere Umgebung des Hauses – die Bäume, unter denen das Haus seinen Standort hat – und schließlich auch die weitere Umgebung, den See, der gleichsam den Hintergrund der ganzen Szenerie bildet. Dadurch, dass Brecht auf ein Verb verzichtet – die erste Zeile stellt eine Ellipse dar – wird die Entstehung eines ruhigen Bildes in der Vorstellung des Lesers unterstützt. Kein Verb, das ein Tun, ein Handeln oder ein Geschehen ausdrücken würde, beeinträchtigt die Ruhe des beschworenen Naturidylls, das dem Leser vor Augen steht wie ein Postkartenmotiv.	
Bewegung kommt erst mit dem zweiten Vers ins Spiel. Er vervollständigt das Bild des ersten Verses um ein wesentliches Detail: den vom Dach aufsteigenden Rauch, auf den schon der Titel hinweist. Dass dieses belebende Element erst im zweiten Vers Erwähnung findet, erscheint schlüssig. Leicht kann dem Naturbetrachter der flüchtige, in den Himmel aufsteigende Rauch zunächst entgehen. Umso genauer aber nimmt er ihn in den Blick, wenn ihm erst einmal aufgefallen ist, dass er gleichsam wie eine Wolke über der Landschaft steht.	
Mit den beiden Anfangsversen ist die Beschreibung der idyllischen Naturszenerie abgeschlossen. Die letzten drei Verse drücken die Gedanken eines nicht deutlich hervortretenden lyrischen Ichs aus, das aus der Ruhe der Betrachtung herausgerissen scheint.	lineare Detailanalyse der letzten drei Verse
Die Verse 3–5 bilden, von keinem Satzzeichen unterbrochen, einen Konditionalsatz. Der dritte Vers, die oben erwähnte Mittelachse des Gedichtes, umfasst nur zwei Worte. Er stellt den Vordersatz des Satzgefüges dar und formuliert die Bedingung, unter der gilt, was der vierte und fünfte Vers sagt. Durch das Weglassen der einleitenden Konjunktion „wenn“ wird diese Bedingung besonders herausgestellt: die Anwesenheit des Rauches über dem Dach des Hauses.	
Der Rauch ist Hinweis auf das Feuer, das für die menschliche Existenz und das Überleben des Menschen so notwendig ist: Zeichen für die Bewohnbarkeit des Hauses insgesamt, überhaupt Symbol für menschliche Wärme, ja geradezu Ausdruck für familiäre Gemütlichkeit und Harmonie in häuslicher Ordnung. Gibt es keinen Rauch („Fehlte er“ …), das heißt, sind die Bedingungen, die das friedliche Zusammenleben von Menschen und die Bewohnbarkeit ihrer Behausungen ermöglichen, nicht erfüllt, dann löst die Betrachtung des kleinen Hauses unter Bäumen am See keine Freude mehr aus. Obwohl sich am äuße-	

ren Bild wenig ändert, das Bewusstsein, dass Bedingungen herrschen, unter denen kein „Rauchzeichen“ mehr das Fortbestehen eines friedlichen menschlichen Lebens anzeigt, sorgt dafür, dass sich – wie im Vers 4 formuliert – ein deprimierender Eindruck („Wie trostlos …“) einstellt.	
Brecht bringt diese Trostlosigkeit durch die Kargheit des letzten Verses sprachlich angemessen zum Ausdruck. Anders als im ersten Vers stellt er die Bestandteile des Naturidylls (Haus, Bäume, See) durch den Verzicht auf Präpositionen oder Konjunktionen hart und unverbunden (asyndetisch) nebeneinander. Die Öde, die sich ausbreitet, wenn keine sorgende Hand die friedliche Ordnung menschlicher Kultur und Zivilisation aufrechterhält, wird regelrecht spürbar.	
So ist Brechts „Naturgedicht“ letztlich doch ein politisches Gedicht. Ohne dies konkret anzusprechen, mag Brecht – noch keine zehn Jahre nach dem 2. Weltkrieg – an die vielen ausgebombten und von Menschen verlassenen Häuser in Deutschland und ganz Europa gedacht haben, die daran erinnern, dass die menschliche Kultur gefährdet und die Idylle bedroht ist, wenn die politischen Voraussetzungen fehlen, die eine friedliche Ordnung ermöglichen.	Fazit: Aussageabsicht des Gedichtes
Dies auch dem Leser in Erinnerung zu rufen, ist der leise Appell des Gedichtes.	
Das Gedicht, das in seiner Unauffälligkeit vielleicht keines ist, das einen von Anfang an anspricht, geschweige denn poetisch „anspringt“, erscheint mir durch seine unaufdringlich gestaltete inhaltliche Aussage wertvoll. Mit knappen Mitteln erzeugt es eine Nachdenklichkeit über die menschliche Kultur, deren Erhalt auch heute noch – denkt man an die täglichen Fernsehbilder von Kriegsereignissen oder terroristischen Anschlägen in aller Welt – immer wieder auf dem Spiel steht.	persönliche Bewertung Hinweis auf die Aktualität des Themas

Lösungsvorschlag zu S 11.4

Gliederungsmodell einer Gedichtanalyse

I Einleitung
- Angaben zur Einordnung des Textes (Autor, Titel, Textgattung, Entstehung, Textquelle)
- evtl. Angaben zum Kontext des Textes (Biografie des Autors, Epochenhintergrund)
- kurze Vorstellung des Themas bzw. des Gedichtinhaltes

II Hauptteil
- Darstellung der Interpretationshypothese (oder eines vorläufigen Ansatzes)
- grundlegende Angaben zur äußeren Form (Gedichttyp, Anzahl der Strophen, Strophenform, Metrum, Reimschema)
- lineare Analyse des Textes (vom Titel bis zum letzten Vers): Beschreibung inhaltlicher, sprachlicher und formaler Textbeobachtungen und ihre Deutung

Alternative Variante:
- *aspektorientierte Analyse des Textes: Jeweils zusammengehörige inhaltliche, sprachliche und formale Textbeobachtungen werden beschrieben und interpretiert.*

III Schluss

Möglichkeiten:
- Zusammenfassung der Ergebnisse (Bezug auf die Interpretationshypothese)
- Formulieren eines Fazits oder Einordnen des Gedichtes in einen textübergreifenden Zusammenhang (z. B. übergeordneter Problemhintergrund, Epochenzusammenhang, Gesamtwerk des Dichters)
- persönliche Stellungnahme oder begründete Wertung

LS 12 Die Entstehungsstufen eines Gedichtes rekonstruieren

		Zeit	Lernaktivitäten	Material	Kompetenzen
1	EA	5′	S notieren, wofür ein Brunnen ein Sinnbild sein kann.	S 12.1	- Podiumsdiskussion vorbereiten und durchführen - die eigene Meinung begründet und nachvollziehbar vertreten - Redebeiträge anderer verfolgen und aufnehmen - unterschiedliche Textfassungen vergleichend analysieren - Textbeschaffenheit reflektieren und beurteilen - mit anderen in einer Gruppe zusammenarbeiten - eigene Deutung eines Textes entwickeln
2	EA	10′	S erschließen eine Entstehungsstufe des Gedichtes, zeichnen den darin beschriebenen Brunnen und bringen den symbolischen Gehalt des Gedichtes auf einen Satz.	S 12.2	
3	GA	35′	S tauschen sich über ihre Arbeitsergebnisse zu unterschiedlichen Entstehungsstufen des Gedichtes aus, vergleichen deren Form und einigen sich auf die vermutete Reihenfolge ihrer Entstehung.	S 12.3	
4	PL	10′	Vertreter unterschiedlicher Gruppen diskutieren auf der Basis der vorangegangenen Gruppenarbeit die „richtige" Reihenfolge der Entstehungsstufen.		
5	PL	20′	S besprechen das Ergebnis des „Expertengesprächs", ergänzen fehlende Aspekte oder Argumente und schließen sich der überzeugendsten Position an.		

✓ **Merkposten**

- Zettel oder Karten mit einer Ziffer-Buchstaben-Kombination

▶ **Lösung zu S 12.3**

Die Fassungen des Gedichtes in der Reihenfolge ihrer Entstehung:
1. E (1860)
2. A (1864)
3. C (1865)
4. B (1869)
5. D (1882)

Erläuterungen zur Lernspirale

Ziel der Doppelstunde ist, dass die Schüler die erlernten Fähigkeiten zur Analyse von Gedichten für die Lösung einer komplexen Aufgabe anwenden. Sie sollen qualitative Unterschiede zwischen den unterschiedlichen Entstehungsstufen eines Gedichtes feststellen, ihre Einschätzungen und Qualitätsmaßstäbe begründen und mit anderen sachgemäß diskutieren.

Zum Ablauf im Einzelnen

Der **1. Arbeitsschritt** fragt den einzelnen Schüler nach einem Aspekt zum Thema.

Im **2. Arbeitsschritt** lesen je ein Fünftel der Schüler eine der fünf Fassungen des Gedichtes. Dabei empfiehlt es sich, die Gruppenbildung für den nächsten Arbeitsschritt durch eine Auslosung anzubahnen. Dabei erhält jeder Schüler einen Zettel mit einer Kombination aus einer Ziffer (1–5) und einem Buchstaben (A–E). Der Buchstabe steht für die Gedichtfassung, die Ziffer für die Gruppe.

Im **3. Arbeitsschritt** bildet man Zufallsgruppen, in denen sich jeweils fünf Schüler zusammenfinden, die sich im 2. Arbeitsschritt mit unterschiedlichen Fassungen von Meyers Gedicht beschäftigt haben (z.B. die Schüler, die bei der Auslosung die Kombination 1A, 1B, 1C, 1D und 1E hatten).
Die Schüler stellen sich gegenseitig ihre Zeichnungen und ihren Satz zur sinnbildlichen Bedeutung vor und begründen ihre Ergebnisse vom Text her. Erwartet werden kann, dass sich alle Zeichnungen des Brunnens (Springbrunnen mit drei nach oben hin kleiner werdenden Schalen) gleichen. Auch die Überlegungen zur sinnbildlichen Bedeutung des Brunnens werden zumindest ähnlich sein und sich auf das von Meyer in allen Fassungen hervorgehobene Zugleich von Ruhe und Bewegung beziehen. Für die Rekonstruktion der Entstehungsstufen ergibt sich daraus als methodischer Ansatz eine vergleichende Formanalyse: Indem sich auf der Gegenstands- und auf der Aussageebene keine größeren Unterschiede zwischen den verschiedenen Fassungen zeigen, kann die Aufgabe nur durch eine detaillierte Analyse der Unterschiede in der Form gelöst werden. Eine entscheidende Hilfe dabei ist der Hinweis auf das Prinzip der Verdichtung als Qualitätskriterium.
Wichtig ist die intensive Diskussion über die Qualität formaler Besonderheiten und Gestaltungsmittel in den einzelnen Fassungen. Die Schüler brauchen die Begründung ihres Ergebnisses nicht schriftlich festzuhalten. Zur Dokumentation genügt ein Festhalten der Kennbuchstaben der fünf Fassungen in der vermuteten Reihenfolge ihrer Entstehung.

Im **4. Arbeitsschritt** lost man aus verschiedenen Gruppen jeweils einen Experten für das „literaturwissenschaftliche Quintett" aus. Die Schüler führen – ausgehend vom Ergebnis der Gruppenarbeit – die Diskussion über die Reihenfolge der Entstehungsstufen vor der Klasse noch einmal. Dabei gehen sie vom Ergebnis ihrer Gruppe aus, dürfen aber während des Gespräches ihre Meinung ändern.

Im **5. Arbeitsschritt** geben die Schüler der Expertenrunde ein Feedback und diskutieren neue Erkenntnisse, die sich ergeben haben. Der Lehrer kann sich einschalten und weitere Überlegungen anregen. Er sollte sicherstellen, dass die Schüler die Überlegenheit der letzten Fassung (D) gegenüber den früheren Entstehungsstufen nachvollziehen können.

LS 13 Gedichtanalysen korrigieren und bewerten

		Zeit	Lernaktivitäten	Material	Kompetenzen
1	EA	15′	S korrigieren eine Gedichtanalyse durch entsprechende Unterstreichungen und Randbemerkungen.	LS 13.M1,2 S 13.1	- Texte inhaltlich und sprachlich überprüfen und überarbeiten - Texte einschätzen und beurteilen - einen Bewertungskommentar schreiben - die eigene Meinung gezielt und nachvollziehbar vertreten - auf Gegenpositionen sachlich und argumentierend eingehen - Randbemerkungen und Korrekturzeichen zur Überarbeitung eines Textes setzen - Fachbegriffe zur Lyrik kennen und anwenden - mit anderen kooperieren - eine Textanalyse schreiben
2	PA	15′	S tauschen sich über ihre Korrekturen aus und überarbeiten ihre Randbemerkungen.	LS 13.M1,2 S 13.2	
3	PA	15′	S lesen eine weitere Gedichtanalyse, die bereits durch Mitschüler korrigiert wurde, und halten abweichende Einschätzungen und ergänzende Korrekturen fest.	LS 13.M1,2 S 13.3	
4	GA	25′	S diskutieren ihre Einschätzungen beider Gedichtanalysen und einigen sich auf eine gemeinsame Bewertung. Anschließend schreiben jeweils zwei S zu ihrer Schülerarbeit einen „Lehrerkommentar", um die erteilte Note zu begründen.	S 13.4	
5	PL	10′	Alle Gruppen dokumentieren ihre Noten und diskutieren auffallende Unterschiede. Einzelne Gruppen stellen die Begründungen ihrer Noten noch einmal genauer vor.		
	HA		S schreiben auf der Basis ihrer Fehleranalysen eine optimierte Gedichtanalyse.	S 13.5	

Erläuterungen zur Lernspirale

Ziel der Doppelstunde ist, dass die Schüler ihre Kenntnisse und Fähigkeiten zur Anfertigung einer Form-Inhalt-Analyse bei der Korrektur und Beurteilung von Gedichtanalysen differenziert anwenden und weiterentwickeln.

Zum Ablauf im Einzelnen

Vor Beginn des **1. Arbeitsschrittes** teilt der Lehrer die Kopien von LS 13.M1 und LS 13.M2 an je eine Hälfte der Klasse aus. Bei diesen Texten handelt es sich um zwei authentische Schülerarbeiten, die sich beide auf das aus LS 02 bekannte Gedicht „Bitte an einen Delphin" beziehen.
Formalsprachliche Fehler sind bereits verbessert, sodass sich die Schüler bei ihrer Korrektur auf Fragen der inhaltlichen Deutung, der Gliederung, der methodischen Akzeptanz der Analyse und der Qualität der sprachlichen Darstellung konzentrieren können.

Für den **2. Arbeitsschritt** lost man zwei Schüler durch die gleichen Buchstaben auf der Rückseite der Kopien zusammen, die mit der gleichen Schülerarbeit befasst waren.

Im **3. Arbeitsschritt** tauschen zwei Tandems ihre Korrekturen aus, die mit unterschiedlichen Arbeiten zu tun haben, aber alle den gleichen Buchstaben aufweisen.

4. Arbeitsschritt: Die beiden Schülertandems, die die Korrektur der Schülerarbeit des jeweils anderen Schülertandems gegengelesen haben, bilden zusammen eine Vierergruppe. Nachdem sie sich gemeinsam auf eine Bewertung beider Arbeiten geeinigt haben, arbeiten sie wieder im Tandem und schreiben zu zweit jeweils einen „Lehrerkommentar" zu einer der beiden Schülerarbeiten. Dazu gehen sie auf möglichst viele der in der Checkliste genannten Kriterien (Schülerheft, S. 32) ein. Die Beurteilung und Bewertung der Arbeiten verlangt Differenzierungsvermögen.
Die erste Schülerarbeit (LS 13.M1) hat ihre Stärken im inhaltlichen Zugang und im verstehenden Nachvollziehen der Meeresmetaphorik. Die Deutung der Selbstaussage des lyrischen Ichs als Eskapismus oder Realitätsflucht ist sicherlich fruchtbar. Schwächen zeigen sich in der Analyse und beim Aufzeigen von Form-Inhalt-Bezügen. Wichtige Formaspekte werden nicht thematisiert oder nur benannt, aber nicht für die Deutung des Gedichtes funktionalisiert.
Bei der zweiten Schülerarbeit (LS 13.M2) ist es fast umgekehrt. Die Deutung des Gedichtes als Aufforderung an den Leser, auch angesichts aussichtsloser Situationen die Hoffnung niemals aufzugeben, unterläuft die inhaltliche Aussage. Stärken zeigen sich – trotz ungelenker Darstellung – in der Detailanalyse und der inhaltlichen Deutung einzelner Formaspekte.

Im **5. Arbeitsschritt** machen alle Gruppen die von ihnen erteilten Bewertungen öffentlich. Dazu schreibt der Lehrer ein entsprechendes Raster an die Tafel, in das alle Gruppen ihre Noten eintragen. Gruppen mit stark abweichenden Beurteilungen werden aufgefordert, ihre Notengebung auf der Basis der verfassten Kommentare mündlich zu erläutern. Abschließend können die Bewertungen noch einmal im Plenum diskutiert und vom Lehrer kommentiert werden.

✓ Merkposten

- Materialien LS 13.M1 und LS 13.M2 für je eine Hälfte der Klasse kopieren

Für die Bildung der Zufallstandems und -gruppen schreibt man auf die Rückseite jeder Kopie einen Buchstaben. Jeder dieser Buchstaben wird pro Schülermaterial zwei Mal und damit insgesamt vier Mal vergeben (z.B. gibt es je zwei Kopien von LS 13.M1 und LS 13.M2 mit dem Buchstaben A usw).

LS 13.M1

Schülerarbeit 1

Das hier zu interpretierende Gedicht „Bitte an einen Delphin" von Hilde Domin, die 1909 in Köln geboren wurde und 2006 in Heidelberg starb, handelt von einem Traum, in dem das lyrische Ich eine Begegnung mit einem Delphin hat. Das Gedicht erschien erstmals 1962 in „Rückkehr der Schiffe" im S. Fischer-Verlag in Frankfurt. Das Gedicht besitzt drei Strophen mit je drei Versen. Es ist in seinem Aufbau einfach gehalten. Weder ein festes Metrum noch ein Reimschema ist zu erkennen. In Zeile 2 erkennt man einen Vergleich. Das lyrische Ich umarmt sein Kissen wie einen sanften Delphin. Es möchte einen festen Halt haben, vielleicht jemanden, an den es sich wenden kann. Der Delphin stellt so eine Art „Rettungsanker" dar, einen Retter in der Not. Er trägt das lyrische Ich durch das Wasser, und man hat das Gefühl, dass alles so leicht und schwerelos erscheint. Der Delphin wird als sanft beschrieben (Zeile 2), irgendwie lieblich und freundlich, auch sehr hilfsbereit. Das lyrische Ich fühlt sich geborgen und sicher. Man hat das Gefühl, eine endlose Weite im Meer überblicken zu können, und der Strom zieht einen immer weiter fort (Zeile 3). In dem Gedicht ist eine leichte Steigerung zu erkennen (Klimax). Zu Beginn ist das lyrische Ich kurz vor dem Einschlafen, es umarmt sein Kissen. Dann – in Strophe 2 – träumt es schon. Es wird durch das Meer getragen auf dem Rücken des Delphins. Und in Strophe 3 ist es am Strand angekommen, frei von den Sorgen und Nöten, die es beim Einschlafen empfunden hat. In Zeile 5 findet der Rezipient eine Metapher: „in diesem Meer von Herzklopfen". Dies stellt die Aufregung des lyrischen Ichs dar, eventuell auch die Angst vor dem Unbekannten. Doch es vertraut dem Delphin und lässt sich von ihm leiten. Hilde Domin wiederholt immer wieder die Sanftheit des Delphins, was ihn vertrauenserweckend wirken lässt. In dem blauen und endlosen Meer taucht nun der Strand auf. Hell und klar, ohne irgendwelche Ängste will sich das lyrische Ich dort niederlassen. Der Traum erscheint wie eine Flucht vor einem Problem des lyrischen Ichs. Mit dem Delphin taucht es in eine andere Welt ein, sorgenfrei, ohne einen Gedanken an die „Küste von morgen", wie im Gedicht beschrieben. Dies ist wieder eine Metapher, die wie immer etwas anderes meint, als sie wörtlich bedeutet. Diese rhetorischen Stilfiguren sollen in diesem Gedicht den Rezipienten zu einem intensiven Verstehensprozess anregen. In Zeile 2–3 und 4–5 findet man noch eine Reihung von Enjambements, die hier wahrscheinlich nicht zufällig stehen, und für das Gedicht sicher eine Bedeutung haben. Auffällig in dem Gedicht von Hilde Domin ist die Sprache. Sie ist sehr bildhaft und soll so dem Rezipienten die Stimmung besser vermitteln. Man kann erkennen, wie sich das lyrische Ich fühlt, und wie es ihm durch die Hilfe des Delphins wieder besser geht.	

Wie der Titel schon erahnen lässt, ist dieses Gedicht von Hilde Domin ein Appell an den Delphin. Man weiß, dass Delphine eine besondere Wirkung auf Menschen haben, da sie, so erzählt man sich, früher oft Schiffbrüchige auf hoher See gerettet haben und auch heute noch in der Therapie von kranken und depressiven Menschen eingesetzt werden. Das lyrische Ich hofft auf Rettung vor seinen Problemen und Sorgen. Daher wendet es sich an einen Delphin. Der tägliche Schlaf ist eine Art Zuflucht für das lyrische Ich und der Delphin verkörpert die Hoffnung auf ein neues Leben. Hilde Domin ist es gut gelungen, dies dem Rezipienten näherzubringen. Aber ich denke, dass man nicht immer vor seinen Problemen davonlaufen kann und auch nicht davonlaufen sollte. Irgendwann wird man damit konfrontiert und es gibt kein Zurück mehr. Das Gedicht klingt wie ein Hilfeschrei, doch niemand hört das lyrische Ich. Dahinter stecken vielleicht tiefgründige Dinge und Depressionen. Vielleicht möchte das lyrische Ich gerettet werden, ein neues Leben beginnen und alle Ängste hinter sich lassen. Es möchte von jemandem gerettet werden, aus dem Teufelskreis gezogen werden und nur noch nach vorne schauen. Und die Rolle des Retters spielt in diesem Gedicht der „sanfte Delphin“.	

Bewertung:

Kommentar:

LS 13.M2

Schülerarbeit 2

Das Gedicht „Bitte an einen Delphin" von Hilde Domin, die 1909 in Köln geboren wurde und kürzlich in Heidelberg verstarb, ist dem 1962 in Frankfurt am Main beim S. Fischer-Verlag erschienenen Gedichtband „Hilde Domin: Rückkehr der Schiffe" entnommen. Es handelt von einer Person, die einen Delphin bittet, sie vor dem Morgen zu retten. Das Gedicht besteht aus drei Strophen zu je drei Versen. Es weist keine Reime auf. Die erste Strophe unterscheidet sich von der zweiten und dritten insofern, als dass das lyrische Ich in der ersten Strophe von sich spricht und sich in den übrigen an einen Delphin richtet. Die Sprache des Gedichtes ist sehr metaphorisch und immer wieder findet man eine Verbindung zum Meer. Der Titel des Gedichtes, „Bitte an einen Delphin", weist schon auf den Inhalt hin, jedoch weiß der Rezipient noch nicht, was ihn erwartet. Das Gedicht beginnt mit nur zwei Worten im ersten Vers: „Jede Nacht"; der begonnene Satz wird im zweiten Vers, der sehr lang erscheint, fortgesetzt. Man findet dort einen Vergleich. Das lyrische Ich umarmt sein Kissen „wie einen sanften Delphin". Schon hier tritt eine Verbindung zum Meer auf, die im dritten Vers noch bekräftigt wird. Der Delphin, der hier mit dem Kissen verglichen wird, war in der Antike das Symboltier für einen Lebensretter, sodass man aus seiner Erwähnung im Gedicht schließen kann, dass das lyrische Ich Rettung sucht. Durch den dritten Vers erfährt man, dass die Situation des lyrischen Ichs immer schlimmer zu werden scheint. Dies ergibt sich aus den Worten „weiter fort". Jede Nacht wird offenbar eine größere Entfernung zurückgelegt, gerade so, als sei jeder Tag immer schwerer zu ertragen und als werde die erträumte Rettung niemals Wirklichkeit. Die zweite Strophe beginnt erneut mit nur zwei Worten; diesmal mit den Worten „Sanfter Delphin". Man erkennt nun, dass der Delphin direkt angesprochen wird, was der Rezipient schon vom Titel her erwarten konnte. Im nächsten Vers erscheint eine Hyperbel: „Meer von Herzklopfen"; in ihr drückt sich noch einmal die Angst vor dem nächsten Tag aus. Und wieder wird eine bildliche Verbindung zum Meer hergestellt. Eine Bitte, wie dies im Titel angesprochen wird, ist nun mit aller Deutlichkeit im dritten Vers der zweiten Strophe formuliert. Der Delphin wird darum gebeten, das lyrische Ich zu tragen. Einzelheiten, unter welchen Umständen das geschehen soll, erfährt der Rezipient nicht. Deutlich wird aber, dass das lyrische Ich dem Delphin, den es mit seiner Bitte anspricht, Vertrauen schenkt. Denn es scheint sich ganz und gar auf den Delphin zu verlassen, obwohl es ja wissen muss, dass man ein Tier – gerade ein so lebendiges und spielfreudiges, wie es der Delphin im Wasser ist – nicht lenken oder beeinflussen kann. In der dritten Strophe folgt dann die genauere Erläuterung des Inhaltes der Bitte, nämlich dass das lyrische Ich	

an einen gütigen Strand – wieder eine Metapher! – getragen werden möchte, wenn es hell, also Tag wird. Das Morgen wird mit der Metapher „Küste" beschrieben. Man kann nun sicherlich von einem deutlichen Unterschied zwischen einem „gütigen Strand" und einer Küste ausgehen. Wenn man von Küste spricht, meint man in der Regel ein steiniges, felsiges, steiles, irgendwie grobes Ufer, wohingegen ein Strand schön, weich, fein und sanft ist. Klar ersichtlich ist, dass das lyrische Ich Angst vor dem Morgen hat, wie es der Rezipient vorher ja auch schon vermutet hat. Das lyrische Ich klammert sich sehr am Delphin – dem Lebensretter – und der Hoffnung fest, dass der nächste Morgen doch noch besser werden könnte als die vorherigen. Dies ist es wahrscheinlich auch, was man aus dem Gedicht schließen kann, nämlich dass man die Hoffnung auf etwas Besseres nie wirklich aufgeben sollte, auch wenn alles noch so aussichtslos erscheint; denn es gibt auf der Erde wahrscheinlich mehr steinige Küsten als schöne Strände, die man länger suchen muss. Ich denke, dass das Gedicht eine starke Aussage hat, die man jedoch nicht auf Anhieb erkennt, da man sich zunächst intensiv in die Lage des lyrischen Ichs hineinversetzen muss. Der Delphin als Hoffnungsträger und Lebensretter sowie die damit im Zusammenhang stehenden Hinweise auf das Meer sind brillant gewählte Bilder. Insgesamt verleitet einen das Gedicht dazu, über das eigene Leben nachzudenken und vielleicht auch etwas Hoffnung zu schöpfen, was bestimmt jedem Menschen gut tut.	

Bewertung:

Kommentar:

Anhang: Vorschlag für eine Klassenarbeit

Arbeitsauftrag:

Schreibe eine Form-Inhalt-Analyse zum vorliegenden Gedicht. Achte dabei auf eine angemessene Gliederung.

Arbeitsmaterial:

INGEBORG BACHMANN

Reklame

Wohin aber gehen wir
ohne sorge sei ohne sorge
wenn es dunkel und wenn es kalt wird
sei ohne sorge
aber
mit musik
was sollen wir tun
heiter und mit musik
und denken
heiter
angesichts eines Endes
mit musik
und wohin tragen wir
am besten
unsere Fragen und den Schauer aller Jahre
in die Traumwäscherei ohne sorge sei ohne sorge
was aber geschieht
am besten
wenn Totenstille

eintritt

Hinweis zum Text:

„Reklame" erschien zum ersten Mal 1956 in: Jahresring 56/57. Ein Querschnitt durch die deutsche Literatur und Kunst der Gegenwart.

Hinweise zur Autorin:

Ingeborg Bachmannn wurde am 25. Juni 1926 in Klagenfurt in Österreich geboren und wuchs in Kärnten auf. Sie studierte in Innsbruck, Graz und Wien Philosophie und schloss mit einer Promotion über die Existenzialphilosophie Martin Heideggers ab. Ihre Auseinandersetzung mit der Philosophie schlug sich in ihrem Werk nieder, in dem der Gedanke, dass der Mensch die Gewissheit seines Todes nur durch die Erfahrung der Liebe ertragen könne, eine wichtige Rolle spielt. Ihr erster Gedichtband „Die gestundete Zeit", im Jahre 1953 erschienen, begründete ihren Ruf als herausragende Dichterin der europäischen Moderne. Außer Gedichten schrieb sie Erzählungen, Hörspiele und Essays. Zeitweise arbeitete sie auch als Journalistin und Übersetzerin. In Rom, wo sie ein zweites Zuhause gefunden hatte, starb sie nach einem tragischen Brandunfall am 17. Oktober 1973.

Lösungshinweise zur Form-Inhalt-Analyse von „Reklame"

- Der fast durchgehend abwechselnde Druck der Verse in Standard- und Kursivdruck erweist sich als formaler Hinweis auf eine Differenz des Inhaltsbezuges.

- Durch die Druckanordnung werden zwei „Stimmen" unterschieden: Die normal gesetzten Verse bilden das Sprechen eines lyrischen Ichs ab; die kursiv gesetzten imitieren in Diktion und Inhalt die Sprache der Werbung.

- Bei den Versen, die dem lyrischen Ich zuzuordnen sind, handelt es sich um vier syntaktisch vollständige Fragen von existenziellem Charakter: Wohin gehen wir, wenn es dunkel und wenn es kalt wird? Was sollen wir tun und denken angesichts eines Endes? Wohin tragen wir unsere Fragen und den Schauer aller Jahre? Was aber geschieht, wenn Totenstille eintritt?

- In den Versen, in denen die Stimme der Werbung vernehmbar ist, finden sich dagegen keine syntaktisch vollständigen Sätze. Aneinandergereiht sind Halbsätze und Wortfetzen, die sich als Fragmente von typischen Werbesprüchen und Reklameaussagen lesen lassen.

- Auch wenn alle Reklameverse nur unvollständige Aussagen enthalten, offenbaren doch alle den für Werbung typischen optimistischen Grundcharakter, der eine heile Welt ohne Probleme verheißt. Durch die gleichzeitige Fragmentisierung und Montage der Reklamesprüche verschwindet jeder inhaltliche Bezug auf die Produkte, die beworben werden. Stattdessen vermitteln die aneinandergereihten Reklamefetzen den Eindruck eines monotonen Singsangs, der seine Adressaten in eine positive Weltsicht einzulullen versucht, aber letztlich inhaltsleer und in seinen konkreten Aussagen beliebig ist.

- Durch die abwechselnde Anordnung der Verse beider Stimmen wird der inhaltliche und syntaktische Zusammenhang dessen, was das lyrische Ich sagt, verdeckt.

- Diese Wirkung wird durch die Verwendung von Enjambements, den weitgehenden Verzicht auf Groß- und Kleinschreibung und das Aussparen jeglicher Zeichensetzung verstärkt: Das, was beide Stimmen sagen, wird gleichsam zusammengezwungen und optisch miteinander verbunden, so wenig es auch inhaltlich zusammenpasst. Laufen die beiden Stimmen ohne Bezug zunächst nebeneinander her, nähern sie sich am Ende des Gedichtes an. Das „am besten" der Reklameverse in den kursiv gesetzten Versen 14 und 18 lässt sich inhaltlich in die Welt der Reklame und ihrer Superlative einordnen, kann aber auch jeweils als Satzglied (Adverbial) der vom lyrischen Ich gestellten Fragen aufgefasst werden.

- Scheinbar eine Antwort auf die Fragen des lyrischen Ichs gibt der 16. Vers. Sein „in die Traumwäscherei" enthält offenbar einen Bescheid darauf, wohin aus der Perspektive der Werbung alle existenziellen Fragen des Menschen zum Zwecke der Aufrechterhaltung des schönen Scheins einer heilen Welt gehören. Die Antwort ist metaphorisch und von einem diffus euphemistischen Klang. „Traum" und „Wäscherei" als Bestandteile des Metaphernkompositums suggerieren, dass die durch die Reklamewelt angebotenen Möglichkeiten zu Eskapismus und Schönfärberei Dunkelheit und Kälte (vgl. Vers 3) der menschlichen Existenz vertreiben.

- Der letzte Vers besteht nur aus einem Wort („eintritt") und bildet, indem er von den 19 vorangegangenen Versen abgesetzt gedruckt ist, gleichsam eine eigene Strophe. Dieses letzte Wort des Gedichtes ist das letzte Wort der letzten Frage des lyrischen Ichs („was aber geschieht, wenn Totenstille eintritt"). Das Enjambement zwischen „Totenstille" und „eintritt", das durch die Leerzeile zwischen den Wörtern noch hervorgehoben wird, macht dabei die Totenstille geradezu hörbar: Der Singsang der Reklame kommt ins Stocken, um dann endgültig zu verstummen. Dass die Versprechungen der Werbung dem Menschen keine Antwort auf seine tiefsten und drängendsten Fragen geben, wird auf diese Weise von der Dichterin nicht behauptet, sondern wirkungsvoll gestaltet.

- Der Sprecher des Gedichtes spricht durchgehend in der 1. Person Plural. Durch den dreimaligen Gebrauch des Pronomens „wir" ist der Leser eingeladen, zusammen mit dem lyrischen Ich die unabweisbaren existenziellen Fragen zu stellen.

- Der Inhalt des Gedichtes dokumentiert Ingeborg Bachmanns biografisch verbürgtes Interesse an einem Existenzialismus, der die Zeitlichkeit des Menschen und das menschliche Wissen um seine eigene Endlichkeit zum radikalen Ausgangspunkt allen philosphischen Fragens macht.

Akustisches Zeichen: Mit Hilfe eines Glöckchens, eines Klangstabes oder irgendeines anderen akustischen Instruments wird den Schülern z.B. das Ende einer Arbeitsphase oder das Überschreiten eines bestimmten Lärmpegels signalisiert.

Blitzlicht (auch Blitz- oder Blitzlichtrunde): Die Schüler äußern sich in Kurzform zu einem bestimmten Thema/Reizwort/Problem. Sie äußern Assoziationen oder bringen Erfahrungen, Meinungen bzw. Vorwissen ein. Die Äußerungen sind knapp, spontan und werden nicht weiter kommentiert.

Doppelkreis (auch Kugellager): Die Schüler sitzen oder stehen sich in einem Innen- und Außenkreis paarweise gegenüber und halten sich wechselseitig Vorträge, führen Interviews etc. Die Hälfte der Klasse ist also mündlich aktiv.

Feedback: Die Schüler geben Mitschülern oder auch Lehrern Rückmeldungen zu bestimmten Arbeitsphasen bzw. Arbeitsweisen. Das Feedback folgt bestimmten Regeln und sollte auf jeden Fall fair und ermutigend sein.

Kettengespräch: Schüler-Schüler-Gespräch nach bestimmten Regeln. Zum Beispiel: Ein erster Redner äußert sich und gibt das Wort an einen anderen Schüler weiter, der sich meldet. Der neue Sprecher muss zunächst den Vorredner anschauen, dessen Beitrag wiederholen und darf erst dann seinen eigenen Beitrag vortragen etc.

Museumsrundgang: Die Schüler sichten alleine oder in Gruppen die im Klassenraum aushängenden bzw. ausliegenden Lernprodukte, holen Informationen ein und besprechen etwaige Unklarheiten.

Partnerberichte: Die Schüler berichten sich im Doppelkreis oder in anders gebildeten Zufallstandems zu einem bestimmten Thema bzw. Arbeitsauftrag.

Spickzettel: DIN-A7-Kärtchen, auf dem sich ein Schüler das Wichtigste zu einem bestimmten Thema stichwortartig notiert. Die Zahl der Wörter kann z.B. auf 10 begrenzt werden; Skizzen, Symbole und andere grafische Elemente können hinzukommen. Der Spickzettel sollte gut strukturiert sein und dient z.B. als Lernhilfe oder als Gedächtnisstütze bei Präsentationen.

Stafettenpräsentation: Die Schüler stehen in gestaffelten Halbkreisen vor der Pinnwand/Tafel und heften ihre vorbereiteten Stichwortkarten nach und nach an. Jeder hat in der Regel nur eine Karte und muss von Fall zu Fall entscheiden, ob und wie er sich anschließen möchte.

Tandempräsentation: Die Präsentation der Arbeitsergebnisse vor der Klasse erfolgt zu zweit. Die Präsentation kann gleichberechtigt erfolgen; sie kann aber auch so aussehen, dass ein Schüler als Hauptpräsentator und ein zweiter als Assistent ausgelost wird.

Zufallsgruppe/Zufallstandem: Gruppen- bzw. Tandembildung mittels Abzählen, Spielkarten, Puzzlebildung, Namenskärtchen oder anderen Formen des Losverfahrens.

Weitere Begrifflichkeiten werden im Internet unter www.klett.de/klippert erklärt.